五岳 _{文化百科}

天下五岳之尊

张建成 编著　胡元斌 丛书主编

汕頭大學出版社

图书在版编目（CIP）数据

五岳：天下五岳之尊 / 张建成编著. -- 汕头：汕
头大学出版社，2015.2（2020.1重印）

（中国文化百科 / 胡元斌主编）

ISBN 978-7-5658-1604-8

Ⅰ. ①五… Ⅱ. ①张… Ⅲ. ①五岳—介绍 Ⅳ.
①K928.3

中国版本图书馆CIP数据核字(2015)第020745号

五岳：天下五岳之尊　　　　　　　WUYUE: TIANXIA WUYUE ZHIZUN

编　　著：张建成	
丛书主编：胡元斌	
责任编辑：汪艳蕾	
封面设计：大华文苑	
责任技编：黄东生	
出版发行：汕头大学出版社	
广东省汕头市大学路243号汕头大学校园内　邮政编码：515063	
电　　话：0754-82904613	
印　　刷：三河市燕春印务有限公司	
开　　本：700mm×1000mm 1/16	
印　　张：7	
字　　数：50千字	
版　　次：2015年2月第1版	
印　　次：2020年1月第2次印刷	
定　　价：29.80元	
ISBN 978-7-5658-1604-8	

前　言

　　中华文化也叫华夏文化、华夏文明，是中国各民族文化的总称，是中华文明在发展过程中汇集而成的一种反映民族特质和风貌的民族文化，是中华民族历史上各种物态文化、精神文化、行为文化等方面的总体表现。

　　中华文化是居住在中国地域内的中华民族及其祖先所创造的、为中华民族世世代代所继承发展的、具有鲜明民族特色而内涵博大精深的传统优良文化，历史十分悠久，流传非常广泛，在世界上拥有巨大的影响。

　　中华文化源远流长，最直接的源头是黄河文化与长江文化，这两大文化浪涛经过千百年冲刷洗礼和不断交流、融合以及沉淀，最终形成了求同存异、兼收并蓄的中华文化。千百年来，中华文化薪火相传，一脉相承，是世界上唯一五千年绵延不绝从没中断的古老文化，并始终充满了生机与活力，这充分展现了中华文化顽强的生命力。

　　中华文化的顽强生命力，已经深深熔铸到我们的创造力和凝聚力中，是我们民族的基因。中华民族的精神，也已深深植根于绵延数千年的优秀文化传统之中，是我们的精神家园。总之，中国文化博大精深，是中华各族人民五千年来创造、传承下来的物质文明和精神文明的总和，其内容包罗万象，浩若星汉，具有很强文化纵深，蕴含丰富宝藏。

　　中华文化主要包括文明悠久的历史形态、持续发展的古代经济、特色鲜明的书法绘画、美轮美奂的古典工艺、异彩纷呈的文学艺术、欢乐祥和的歌舞娱乐、独具特色的语言文字、匠心独运的国宝器物、辉煌灿烂的科技发明、得天独厚的壮丽河山，等等，充分显示了中华民族厚重的文化底蕴和强大的民族凝聚力，风华独具，自成一体，规模宏大，底蕴悠远，具有永恒的生命力和传世价值。

在新的世纪，我们要实现中华民族的复兴，首先就要继承和发展五千年来优秀的、光明的、先进的、科学的、文明的和令人自豪的文化遗产，融合古今中外一切文化精华，构建具有中国特色的现代民族文化，向世界和未来展示中华民族的文化力量、文化价值、文化形态与文化风采，实现我们伟大的"中国梦"。

习近平总书记说："中华文化源远流长，积淀着中华民族最深层的精神追求，代表着中华民族独特的精神标识，为中华民族生生不息、发展壮大提供了丰厚滋养。中华传统美德是中华文化精髓，蕴含着丰富的思想道德资源。不忘本来才能开辟未来，善于继承才能更好创新。对历史文化特别是先人传承下来的价值理念和道德规范，要坚持古为今用、推陈出新，有鉴别地加以对待，有扬弃地予以继承，努力用中华民族创造的一切精神财富来以文化人、以文育人。"

为此，在有关部门和专家指导下，我们收集整理了大量古今资料和最新研究成果，特别编撰了本套《中国文化百科》。本套书包括了中国文化的各个方面，充分显示了中华民族厚重文化底蕴和强大民族凝聚力，具有极强的系统性、广博性和规模性。

本套作品根据中华文化形态的结构模式，共分为10套，每套冠以具有丰富内涵的套书名。再以归类细分的形式或约定俗成的说法，每套分为10册，每册冠以别具深意的主标题书名和明确直观的副标题书名。每套自成体系，每册相互补充，横向开拓，纵向深入，全景式反映了整个中华文化的博大规模，凝聚性体现了整个中华文化的厚重精深，可以说是全面展现中华文化的大博览。因此，非常适合广大读者阅读和珍藏，也非常适合各级图书馆装备和陈列。

目 录

东岳泰山

西岳华山

东岳

　　泰山绵亘于山东中部泰安，气势磅礴，拔地通天。东西长约200千米，南北宽约50千米，方圆426平方千米，海拔约1.5千米。泰山古称岱山、岱宗，春秋时改称泰山。

　　泰山被尊为五岳名山之首，自然景观雄伟奇绝，峻极天下，尤其是南坡，山势陡峻，主峰突兀，山峦叠起，气势非凡。

　　泰山经过数千年精神文化渗透渲染和人文景观烘托，被历代称为"五岳独尊，天下第一山"，在我国历史文化中享有很高地位，被誉为中华民族精神文化的缩影。1987年，泰山以自然遗产、文化遗产双重身份进入"世界遗产名录"。

黄飞虎赶山演变成泰山

　　那是在很久以前，有一座风光秀丽、草木茂盛的无名山。不知在什么时候，有一只万年修炼的白虎悄悄地占据了这座山。

　　这只白虎一不伤人，二不欺兽，它每日仰卧山间闭目养神，只是在午时才径直到河边去饮水。看见白虎出没的人多了，就把这座无名山叫作白虎山。

　　一天夜里，电闪雷鸣，大雨倾盆，东海有一条青龙因触犯龙宫清

规，驾着雷雨逃到白虎山对面的山冈上安了家。这条青龙日隐夜现，鳞光四射，青烟缭绕，惊动了四乡村民，后来人们便叫它青龙山。

青龙、白虎二山遥遥相望，互不服气，对峙不下。白虎山长高一寸，青龙山便长长一尺。天长日久，白虎山高青龙山长。眼看两座山下的人们就要被这两座山封住了，如果人们被隔绝了，那么山里人家就没了生路。

这天，土地神外出查看，发现龙虎相斗，危及百姓，便亲自到天庭禀告玉皇大帝。玉皇大帝闻听后，立即唤来东岳泰山神黄飞虎，让他马上下凡去制止白虎与青龙。黄飞虎手持赶山鞭，来到汶水边上，一鞭打断了白虎腿，一鞭抽瞎了青龙眼，镇住了青龙白虎，并用鞭杆划地为界，留下了一条小溪。

泰山神爱民如子，救了四乡百姓。人们为了感谢泰山神，纷纷捐钱捐款，修盖庙宇，塑像立尊，并在每年的正月十五焚香烧纸，朝拜泰山神，称这座庙为泰山庙。后来这座山也被人们称作泰山了。

泰山又名岱山、岱宗、岱岳、东岳、泰岳。远古时始称火山、太山。"大"在甲骨文与金文中均见其形，读音为"太"。且"太山"意为"大山"，在先秦古文中，"大"与"太"通用。后来，明代文人朱谋编撰的解释双音词的训诂书《骈雅训纂·释名称》说：

古人太字多不加点，如大极、大初、大室、大庙、大学之类，后人加点以别大小之大，遂分为二矣。

按古文字的传统读法，"大"亦有"大"、"太"、"代"3音。在春秋战国时，由于同音字的引申和同义字的演变，"太"与"泰"、"代"与"岱"、"岱"与"岳"也互相变通了，这样相继出现了"泰山"、"岱山"、"岱宗"、"岱岳"等专用名称。

"泰山"名称最早见于《诗经》。"泰"意为极大、通畅、安宁。汉代经学家刘向编撰的《五经通义》指出：

宗，长也，言为群岳之长。易姓而王，致太平，必封泰山，禅梁父，天命以为王……

从此，泰山名字传扬天下了。易经的《易·说卦》里有"履而泰，然后安"的说法。"泰"字就由原来的高大、通畅之意引申为了"大而稳，稳而安"。随即出现了"稳如泰山"、"国泰民安"、"泰山鸿毛"之说。

其实，泰山的形成历经了漫长的太古代至新生代各个地质时代的演变过程。地质断裂活动使它隆起，与广袤的华北大平原形成了强烈对比。

在久远的地质变迁中，泰山南部受断裂影响，上升幅度大，基层在上升风化过程中，异峰突起，陡峭峻拔，露出大片基底杂岩。北部上升幅度小，岭低坡缓，谷宽沟浅，保存有典型的古生代盖层。

泰山地貌分为冲洪积台地、剥蚀堆积丘陵、构造剥蚀低山和侵蚀构造中低山四大类型。在空间形象上，由低而高，造成层峦叠嶂、凌空高耸的巍峨之势，形成了由多种地形群体组合的地貌景观。

泰山上的杂岩已有20多亿年历史，是世界最古老的岩石之一，对研究我国东部元古代地质构造、岩浆活动及板块构造，具有重要的科学价值。

泰山西北麓张夏、崮山、炒米店一带的灰岩和砂页岩发育典型，是北方寒武系地层的标准剖面，是古生物许多种属的命名地或模式标本原产地。后来在山前中溪发现的辉绿玢岩脉圆柱节理，就引起了地质学界的重视。

泰山形成于太古代，因受来自西南和东北两方面的挤压力，褶皱隆起，经深度变质形成了我国最古老的地层，那就是泰山群。后因地壳变动，被多组断裂分割，形成块状山体，后来每年以0.5毫米的速度继续增高。

在泰山南部，太古界岩层上裂隙泉分布很广，从岱顶至山麓，泉溪争流，山高水长，泉水清冽，无色透明，含有人体所需的多种微量元素，是优质的矿泉水，古称"泰山神水"。

在泰山北部，中上寒武系和奥陶系石灰岩岩层向北倾斜，地下水在地形受切割处显露出泉水。从锦绣川向北，泉水汩汩，星罗棋布。

北麓丘陵边缘地带，岩溶水向北潜流，受地层区辉长岩的堵截，纷纷涌露，使古城济南成为"家家泉水，户户杨柳"的泉城。

温带季风性气候使泰山具有明显的垂直变化：山顶年均气温5.3度，比山麓泰安城低7.5度；年均降水量1100多毫米，相当于山下的1.5倍；山下四季分明，山上春秋相连。泰山冬季较长，形成雾淞雨淞奇观。夏秋之际，云雨变幻，群峰如黛，林茂泉飞，气象万千。

泰山植被茂密，种类繁多，垂直分布。从山麓拾级而上，可依次见到落叶林、阔叶针叶混交林、针叶林、高山灌木丛，林带界线分明，植物景观各异。

资源丰富的泰山区域，有煤、铁、岩盐、石膏、硫黄、蛇纹石、碧玉等矿藏，泰山板栗、核桃、肥桃、汶香附、鹿角菜、泰山灵芝、白首乌、泰山赤鳞鱼等土特产，驰名中外。

泰山东部临海，西靠黄河，俯瞰曲阜，凌驾于齐鲁大地，几千年来一直是东方政治、经济、文化的重点区域。在中华民族几千年的文化历史长河中，气势磅礴的泰山，与长城、长江、黄河齐肩。

泰山独有的地理位置和气候特点，为岱顶创造了旭日东升、晚霞夕照、泰山佛光、黄河金带奇观，被称为泰山四大奇观。

泰山日出是最壮观而动人心弦的，是岱顶奇观之一，也是泰山的重要标志。随着旭日发出的第一缕曙光撕破黎明前的黑暗，从而使东方天幕由漆黑而逐渐转为鱼肚白、红色，直至耀眼的金黄，喷射出万道霞光。最后，一轮火球跃出水面，腾空而起。

　　整个过程像一个技艺高超的魔术师，在瞬息间变幻出千万种多姿多彩的画面，令人叹为观止。岱顶观日出历来为人们所向往，也使许多文人墨客为之高歌。

　　晚霞夕照更是泰山一绝。泰山日落之时，气象万千。特别是雨过天晴、天高气爽、夕阳西下的时候，在泰山极顶，仰望西天，朵朵残云如峰似峦，道道金光穿云破雾，直泻人间。在夕阳映照下，云峰之上镶嵌着一层金灿灿的亮边，闪烁着奇珍异宝般的光辉。

　　泰山佛光也是岱顶奇观之一。每当云雾弥漫的清晨或傍晚，若站在泰山上顺光而视，就可能看到缥缈的雾幕上，呈现出一个内蓝外红的彩色光环，将整个人影或头影映在里面，恰似佛像头上五彩斑斓的光环，故得名"佛光"或"宝光"。

　　泰山佛光是一种光的衍射现象，它的出现是有条件的。据记载，泰山佛光大多出现在6月至8月中的半晴半雾的天气里，而且必须是太阳斜照之时。

黄河金带是泰山又一奇观。当夕阳西下时，举目北眺，在泰山西北，层层峰峦的尽头，可看到黄河像一条金色的带子闪闪发光。河水之光反射到天空，形成蜃景，波光粼粼，黄白相间，如同金银铺就一般，从西南至东北，一直伸向天地交界处。

朵朵残云飘浮在天际，落日的余晖如一道道金光穿过云朵洒满山间。太阳像一个巨大玉盘，由白变黄，越来越大。天空如缎似锦，待到夕阳沉入云底，霞光变成一片火红，天际云朵，山峰好像在燃烧，天是红的，山是红的，云是红的，大地也是红的。

举目远眺，黄河像一条飘带，弯弯曲曲从天际飘来，在落日映照下，白色缎带般的黄河泛起红晕，波光翻滚，给人以动的幻觉。

太阳慢慢靠向黄河，彩带般的黄河像是系在太阳上，在绛紫色的

天边飞舞。恰如清代诗人袁枚在《登泰山诗》中所描绘的：

一条黄水似衣带，穿破世间通银河。

看到黄河金带，人们就会想到泰山美丽的腰玉，还有腰玉由来的传说。

在很久以前，泰山东侧的柴草河畔，住着一个名叫刘栓的青年，他从小死去了父母，独自一人，孤苦伶仃，专靠打柴为生。

刘栓经常到大直沟去砍柴，他经常在沟内桑树下休息。有一天，有一片桑叶飘飘悠悠地落在他手上，他仔细一看，桑叶上还粘着一摊蚕籽儿。刘栓觉得扔掉可惜，就小心地把桑叶揣到怀里，担着柴火回了家。

刘栓带回桑叶，几天后那片桑叶上便爬满了蚕宝宝。从此，刘栓每天都要采回一些鲜嫩的桑叶，精心喂养蚕宝宝。刘栓盼着这些蚕早作茧，好卖了换件衣裳。

有一天，刘栓回到家，见蚕儿全不见了，只剩下一地鸟屎。忽然，刘栓发现一个白胖胖的大蚕儿钻在苇席底下，便赶紧把它捧在手里，那蚕儿不住地摆头，好像难过地诉说刚才的遭遇。刘栓轻轻地把蚕放进筐箩，又铺上厚厚的一层桑叶。

没多久，蚕儿做了一个雪白雪白的茧儿，足有鹅蛋大。刘栓捧着茧儿，舍不得放下，上山砍柴把它揣在怀里，晚上睡觉把它放在枕边，简直寸步不离。

一天夜里，刘栓睡得迷迷糊糊，见那茧儿忽悠悠地飘了起来，飘到天上，竟然变成了一朵白云。一位身穿白罗裙的姑娘，从云头飘

下，笑盈盈地走上前来说："刘栓呀！你为何留着茧儿不缲丝呢？"

刘栓醒来，赶紧支起锅，添上水，将茧儿放入水中，只见茧儿越长越大，一眨眼就长满了锅。他急忙找了几根木棍做了个缲车，抽出丝头，一口气缠了七七四十九个丝团，锅里的茧子仍一点不见小。

从此，刘栓夜晚缲丝，白天换回绸缎，日久天长，丝绸店的掌柜觉得蹊跷：一个穷打柴的，哪来这么多蚕丝呢？

一天晚上，丝绸店掌柜悄悄溜到刘栓窗下，伸头向屋里一瞧，见刘栓正忙着缲丝，屋里堆满了雪白的丝团，可是锅里却只有一只茧子。掌柜这才知道，原来刘栓只有一只宝茧。

丝绸店掌柜想要抢走这个宝茧，等刘栓睡着后，他便去偷宝茧，怕走漏风声，就放火把刘栓的草房点着了。丝绸掌柜带着宝茧就逃，刚跑出草房却怎么也跑不动了。

他低头一看，自己的两腿被无数缕蚕丝牢牢地缠住了，而且越缠越紧。一会儿，丝绸掌柜变成了一个蛹子，一群老鸹飞来，一口口把他啄食了。

乡亲们见刘栓的草房着了火，都提着水桶前来救助。大火扑灭了，人们却不见刘栓的踪影，只见草房上空升起了白茫茫的云团，人们见刘栓正和一位白衣姑娘坐在云头，不断地缫丝，他们缫出来的缕缕银丝在天上轻轻飘动，渐渐变成了一条长长的飘带。

这条玉白色的飘带，绕着泰山山腰不断地伸展开来。后来，人们给它起了一个美丽的名字叫泰山腰玉。

泰山风景尤以壮丽著称。累叠的山势，厚重的形体，苍松巨石的烘托，云烟岚光的变化，使它在雄浑中兼有明丽，静穆中透着神奇，成为我国山水名胜的集大成者。

拓展阅读

传说在很早很早以前，有一个叫盘古的人生长在天地之间，天空每日升高一丈，大地每日增厚一丈，盘古也每日长高一丈。如此日复一日，年复一年，他就这样顶天立地生活着。

经过了1.8万年，天极高，地极厚，盘古也长得极高，他呼吸的气化作了风，他呼吸的声音化作了雷鸣，他的眼睛一眨一眨地化作了闪电。

后来盘古溘然长逝，刹那间巨人倒地，他的头变成了东岳，腹变成了中岳，左臂变成了南岳，右臂变成了北岳，两脚变成了西岳……

因为盘古开天辟地，造就了世界，后人尊其为人类祖先，而他的头变成了泰山。所以，泰山就被称为至高无上的"天下第一山"，成了五岳之首。

奇秀天下的风景名胜

东威沧海、西镇大河的泰山，有拔地通天之势和擎天捧日之姿。巍峨、雄浑、古老、神奇的风光令世人慨叹。传说汉武帝登临泰山时曾发出肺腑的最强音：

这是一个东方大国的国山啊！高矣！极矣！大矣！壮矣！赫矣！骇矣！惑矣！

泰山主峰玉皇顶，海拔1.5千米。风景名胜以泰山主峰为中心，呈现放射状分布，由自然景观与人文景观融合而成。

星罗棋布的人文景观，重点从泰安城西南祭地的社首山、蒿里山到祭天的玉皇顶，形成了"地府"、"人间"、"天堂"三重空间。

岱庙是泰安城中轴线上的主体建筑，前连通天街，后接盘道，山城一体。由此步步登高，渐入佳境，引导人们由人间进入天庭仙界。

进入泰山风景区，冠盖华夏的风景名胜连绵不断，这里有山峰156座，崖岭138座，名洞72处，奇石72块，溪谷130条，瀑潭64处，名泉72眼，古树名木万余棵，寺庙58座，古遗址128处，碑碣1239通，摩崖石刻1277处。主要分布在岱阳、岱顶、岱阴及灵岩。

泰山景区分幽、旷、妙、奥、麓5区。山水相映，古刹幽深，绿荫环绕，一步一景，令人目不暇接。

中路幽区是最富盛名的登山线路，自登山盘路的起点一天门，经

中天门至南天门，全长5.5千米，几乎全部为盘路，共有6290级台阶。

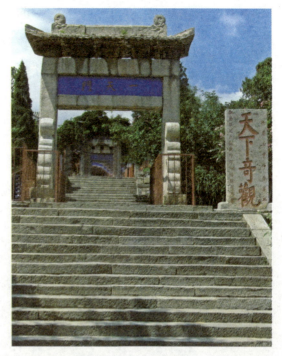

沿途风景深幽，峰回路转，古木怪石，鳞次栉比。主要景点包括关帝庙、岱宗坊、一天门、孔子登临处、红门宫、万仙楼、斗母宫、经石峪、壶天阁、中天门、云步桥、五松亭、望人松、对松山、梦仙龛、升仙坊、十八盘等。

关帝庙在一天门坊前路西边，登盘山路处，坐北朝南，原来是祭祀三国时蜀汉名将关羽的。山门外有影壁，门前石狮列峙，古槐蔽荫。庙东院中有古柏一棵，墙外嵌方碣石碑，题书"汉柏第一"。树干高不足1米，直径达1.1米，三股枝杈扭曲盘旋而上，似龙飞凤舞。

岱宗坊位于岱庙北，在明朝嘉靖年间建的，为一处跨道石坊，登山就由这里起始。这个坊建于台基上，四柱三门式，后来清朝雍正年间重修时，清代光禄大夫丁皂保篆额。坊前有1731年《重修泰山上谕碑》和《重修泰山记碑》，东西相峙。

坊东边原有丰都庙，1521年前建的，祀丰都大帝，配以冥府十王。坊北边原有三皇庙，祀伏羲、神农、黄帝，配以八蜡神。这里松柏郁郁，奇石林立，溪泉争流。

一天门坊建于明代，从开山第一庙关帝庙拾阶而上，至红门宫

前，三重石坊，形若阶梯。明代参政龙光题额，1714年巡抚李树德重建，两侧有明代人题"天下奇观"及"盘路起工处"大字碑。

中有孔子登临处坊，后为天阶坊，明嘉靖年间巡案山东监察御史高应芳题楹联：

> 人间灵应无双境；
> 天下巍岩第一山。

斗母宫位于岱山阳面的登山盘道东侧，筑在盘道旁深壑绝壁之上，深秀幽雅。宫东边临龙泉峰，有龙泉水自西北山峡绕到宫东注入中溪。

壶天阁位于斗母宫北，是一座跨路阁楼式建筑，始建于明代，原名升仙阁，清乾隆12年拓建后改为壶天阁。门洞上双柏横生，盘结向上，奇伟壮观。清嘉庆年间诗人崔映辰题联：

> 壶天日月开灵境；
> 盘路风云入翠微。

还有清嘉庆年间泰安知府廷璐在阁上题联：

> 登此山一半已是壶天；

造极顶千重尚多福地。

"泰山最险处，首推十八盘"，从对松山谷底至岱顶南天门的一段盘路，叫摩天云梯，俗称十八盘，全程1千米多，石阶1594级，垂直高度400米。盘道全用泰山片麻岩修砌。

十八盘为清乾隆末年改建盘道时所开辟，是登泰山盘路中最险要的一段，为泰山的主要标志。这里两山崖壁如削，陡峭的盘山路镶嵌其中，远远望去，高阜之上，双崖夹道，恰似天门云梯。人们说：

泰山之雄伟，尽在十八盘，
泰山之壮美，尽在攀登中！

开山北为龙门，旧有龙门坊，后来被毁了。西岩有清代道光年间魏祥摹刻的狂草"龙门"大字。坊址东为大龙峪，雨季众水归峡，飞泉若泻。

在新盘口北，只见两山陡立，东为飞龙岩，西为翔凤岭，中有一线天，名石壁谷。谷中上有南天门，下有升仙坊，相连十八盘。

泰山有3个十八盘之说。开山至龙门为"慢十八"，再至升仙坊为"不紧不慢又十八"，又至南天门为"紧十八"，共1630余台阶。

紧十八西崖有巨岩悬空，影似佛头侧枕，高鼻秃顶，慈颜微笑，名迎客佛。十八盘岩层陡立，倾角70至80度，在不足1千米的距离内升高400米。

南天门恰处于谷口，是泰山古建筑充分利用地理环境，以人工之力突出和美化自然的典范，是泰山的重要标志物。仰视天门，盘路陡绝，似云梯倒挂。崖石壁谷两侧有"天门长啸"、"层崖空谷"、"天门云梯"、"如登天际"等摩崖石刻，神奇壮观。

西溪旷区是指西溪景区，登泰山西路，自大众桥起有一条盘山公路，可以直达中天门。此外，还有一条登山的盘路，两旁峰峦竞秀、谷深峪长、瀑高潭深、溪流潺潺。

旷区主要的景观有黄溪河、无极庙、元始天尊庙、扇子崖、天胜寨、黑龙潭、长寿桥、白龙池等。

无极庙是泰山上的一个千年古寺，以盛产泉水而著称，这里泉水甘醇清澈，往来络绎不绝的行僧都到这里饮水，泰安当地百姓也纷纷来享用，泉水水量充盈，长年不断。无极庙由山门、正殿、东西配殿和禅房组成。山门楹联写道：

天台岩下藏五百；
须弥顶上隐三千。

扇子崖位于泰山西溪西侧，奇峰突兀，高耸峻峭，形如扇面。崖上有明朝官吏杨博题刻的摩崖石刻"仙人掌"。

崖西有铁梯，攀援登上崖巅，可北眺龙角山，九女寨历历在目，西望傲徕峰尽收眼底。向东俯视，龙潭水库宛若镶嵌在西溪的一颗璀璨明珠，闪闪发光。

扇子崖主峰屹立在景区中

央，明代举人王无欲曾筑室崖头读书，并出资修建了元始天尊殿、太阳庙、吕祖祠等庙宇。这里地势险要，文物古迹颇多，寺庙林立。

黑龙潭东南有石亭，名西溪亭。清光绪年间泰安知府玉构题联：

龙跃九霄，云腾致雨；
潭深千尺，水不扬波。

潭东北百丈崖上是长寿桥，拱桥跨溪，饰以朱红铁栏，与青山绿水相映，犹如长虹卧波。桥两侧有石亭相对，东为云水亭，西为风雷亭。桥下涧底平缓，溪水潺涓而来，骤然飞落绝涧，似银河倒流，绅带下垂，又名天坤泉。崖边有几条平行白纹横贯东西，俗名阴阳界，近代著名爱国将领冯玉祥曾在这里设栏防护。

桥与栏之间，是广阔石坪，光滑似镜，坐在石上，可以听泉观景，赏心悦目。后来，兖州镇守使张培荣，称其夫人为无极真人，在这里建无极庙，由山门、正殿、东西配殿和禅房组成。

长寿桥建在泰山黑龙潭上，一桥飞架东西，似龙潭横生一道浓眉，与游人传情，如山涧跃出一条彩虹，为龙潭增姿加色。桥身朱红，与两岸青山相映成趣。人行其上，鸟瞰龙潭胜景，纵观西溪豁达秀色，简直美不胜收。

传说张培荣怕老婆怕得出了名，尽管在兵士面前威风凛凛，但在老婆面前却是俯首帖耳，百依百顺。有一天，他的老婆听说泰山风景优美，许多人都在那里修炼神仙，她也心血来潮，想修道成仙，立地成佛，于是就让丈夫到泰山来征地造庙。

张培荣来到泰山，他见黑龙潭附近，青山四围，绿树成荫，翠竹亭亭，银杏参天，清流夹道，步移影换。上有傲徕、芙蓉两峰拔地通天之雄伟，下有龙潭飞瀑细流淙淙之清幽。真乃绝胜佳处，正是修真

的好地方。

于是，张培荣决定在这里建庙，尊其夫人为"无极真人"，这座庙便取名"无极庙"。

庙在溪西，出入下山都要过河涉涧，实在不方便，张培荣又在百丈崖上修了一座长桥，为了取悦其夫人，让她成仙，长生不老，便取名为"长寿桥"。

过了十八盘，登上南天门，就进入了泰山妙区，即岱顶。除了深切感受大自然的造化和先人留下的遗迹外，还可真正体会一下"一览众山小"的伟大气魄。

妙区的主要景观有南天门、月观峰、天街、白云洞、摩空阁、玉皇顶、探海石、日观峰、瞻鲁台等。

南天门，又名三天门，位于十八盘尽头，在登山盘道顶端，坐落在飞龙岩和凤翔岭之间的山口上。由下仰视，犹如天上宫阙，是登泰山顶的门户。经过多次翻修，后来的南天门建筑保持了清代风格，门为城楼式建筑，楹联书：

门辟九霄，仰步三天胜迹；

阶崇万级，俯临千嶂奇观。

南天门上覆摩空阁，石栏半围，开阔宽敞，可瞻岱阴诸景。

南天门分上下两层。下层为拱形门洞，条石垒砌，券石起拱，顶铺条石，四周冰盘式出檐。上镶石贴金匾额"南天门"。

摩空阁，两柱五檩五架梁，重梁起架，黄琉璃瓦卷棚，重檐歇山顶。下层檐即在墙壁上部，南向正间开拱形门，两次间各开一窗。门上石匾额"摩空阁"，白地贴金，红墙衬托，与黄琉璃瓦顶相辉映，巍峨壮观。

玉皇顶是泰山主峰之巅，因峰顶有玉皇庙而得名。玉皇庙始建年代无考，于明成化年间重修。主要建筑有玉皇殿、迎旭亭、望河亭、东西配殿等，殿内祀玉皇大帝铜像。神龛上匾额题"柴望遗风"。远古帝王曾于这里燔柴祭天，望祀山川诸神。

殿前有"极顶石"，标志

着泰山的最高点。极顶石西北有"古登封台"碑刻，这里是历代帝王登封泰山时的设坛祭天之处。

玉皇顶位于碧霞祠北，为泰山绝顶，古称太平顶，又名天柱峰。玉皇庙位于玉皇顶上，古称太清宫、玉皇观。东亭可望"旭日东升"，西亭可观"黄河金带"。

探海石又叫拱北石，是泰山著名的标致性景观之一，它像一只报晓的雄鸡，气宇轩昂地仁立于泰山之巅，翘首以待，为世人迎来辉煌的黎明。

关于探海石的来历，还有一段美丽传说呢！

原来，中天门有座二虎庙，二虎庙里供奉着黑虎神，虎为百兽之王，它奉碧霞元君之命整天在山上山下巡逻，哪里有百兽作浪或妖孽兴风，它就到哪里去惩治，保卫着泰山的安宁。

有一年春天，春暖花开，游人如织，东海龙宫有个守门的海妖见自家门前冷冷清清，而泰山顶上却热闹非凡，便生了嫉妒之心，偷偷地到泰山顶上施放妖气。

刹那间，山顶那如诗如画的云海，缭绕而至的仙雾，就变得乌烟瘴气了，山顶上顿时大乱，海妖见后，却在一旁放声大笑。

黑虎神正在山下巡视，见乌云笼罩着山顶，便知定有妖孽作怪，便提上元君赐给它的镇山之宝擎天神棍直奔山顶，但见那妖孽还在山顶作法，便气不打一处来，狠狠地一棍打去。

那海妖只听身后一阵冷风袭来，知道大事不好，急忙化作一股青烟夺路而逃，山顶却出现一派仙山琼阁的美景。

但是，黑虎神由于用力过猛，那擎天神棍打在石上，一片火光散后，神棍断为两截，那断掉的一截顿时化作一块巨石，直指东海，怒目而视。从此，那东海妖孽远远看见擎天神棍立在山顶，便再也不敢到泰山作孽了。

泰山之阴为后石坞，此处林木苍郁，花草茂盛，素有奥区之誉。天烛奥区是以后石坞为中心的景区，其特点是峰雄岩壮、怪石嶙峋、古松竞奇、鸟语花香，雄壮奇奥、美不胜收。由妙区泰山极顶去往后山乘索道便可到达。

奥区主要胜景有八仙洞、独足盘、天烛峰、九龙岗、黄花洞、莲花洞、尧观台等。

令人称奇的是大自然的造化，著名的鸳鸯松、卧龙松、飞龙松、姊妹松等如珍珠镶嵌在多姿多彩的石岩上。

天烛峰在九龙岗南崖之上，两座相距不远，隔涧相望，形状近似巨烛的山峰，分别被称为大天烛峰、小天烛峰。

天烛峰在泰山的东北麓，有一条蜿蜒曲折的登山路直达岱顶。沿

着这条路，可见天烛峰景区的景致。这里，奇石能言，清泉有声，大小天烛朝天立，悬崖巨壁夹谷而行。

将军山如大将军披甲，罗汉峰似众罗汉叠立，大自然的神奇造化，令人叹为观止。这里，蓝天高远，大山空旷，松涛阵阵，白云悠悠，是寻古探幽的好去处，只有到这儿来，才能领略到山林野趣的真谛。

小天烛峰的一柱状孤峰从谷底霍然拔起，直插云霄，高耸似烛，因峰端遍生的劲松宛若烛焰燃烧，又称"烛焰松"。小天烛峰以东还有一座柱状山峰，比小天烛峰雄浑粗壮一些，是为大天烛峰。

大、小天烛峰附近是泰山欣赏古松的绝佳所在，后石坞的古松园就在这里。还有三池碧水，南为鉴池，传说为泰山女神碧霞元君梳洗映容之处，又名玉女洗头盆。北为凤凰池，东北为饮虎池。

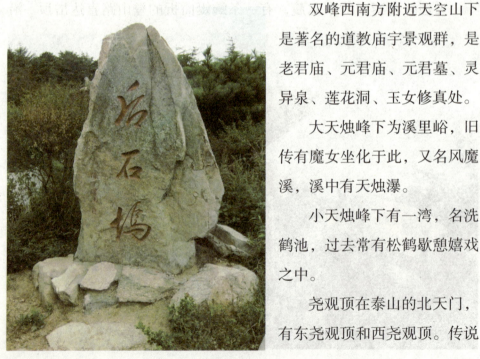

双峰西南方附近天空山下是著名的道教庙宇景观群，是老君庙、元君庙、元君墓、灵异泉、莲花洞、玉女修真处。

大天烛峰下为溪里峪，旧传有魔女坐化于此，又名风魔溪，溪中有天烛瀑。

小天烛峰下有一湾，名洗鹤池，过去常有松鹤歇憩嬉戏之中。

尧观顶在泰山的北天门，有东尧观顶和西尧观顶。传说

远古时的尧帝曾来到这里，在东尧观顶看日出，到西尧观顶望日落。

登上尧观顶，极目远眺，顶面是一片紫色的天空，太阳还在沉睡。天际已有红光，空中那淡淡的云朵，被太阳发出的霞光映照着，就像少女撒开的纱巾，轻柔地飘荡在空中，不知落到哪一位有情人的手中了。

当太阳没有出现在地平线的时候，环顾四周，一片银灰色的苍穹，西南和北方三面的蓝带，整整齐齐地镶嵌在东方以外的大地上。

向东望去，眼前的群山，仍是在脚下的感觉。白色的云朵，绿色的树木，灰色的岩石，红色的霞光，远处的蓝带，以及黎明前灰蒙蒙的天空，真是一幅多彩的画卷。

在夕阳西下时候，登上西尧观顶，朝西方望去，层层红云依次浓淡向落日聚集，火红的太阳燃烧了一天，也不减辉煌，泰山一片光明，映衬着落日，显得山川瑰丽明媚，红云余晖耀眼。

岱麓丽区位于大众桥过黑龙潭沿西溪桥到中天门处，这里坦途绿

荫，溪深谷幽，于是就有了"登泰山而小天下"和"会当凌绝顶，一览众山小"的感觉了。

这里就是泰山山麓及泰安城区了，到这里无需登山就可感受泰山之美。其主要景观包括双龙池、遥参亭、岱宗坊、王母池、五贤祠、汉明堂、三阳观以及不断开辟的新景观等。

王母池位于环山路东首，古称"群玉庵"，又名"瑶池"，建庙历史久远。三国时曹魏著名文学家曹植有诗句：

东过王母庐，俯观五岳间。

王母池临溪而建，殿庑亭阁，参差坐落在三层台基之上，红墙黑瓦掩映于苍松翠柏之中。前院有王母泉，泉水清澈甘冽；后院为七真殿，殿内泥塑神情各异，栩栩如生。

桃源秀区在泰山的西麓，主要包括桃花峪景区、樱桃园景区。

桃花峪深幽静丽，景色奇秀，有一条索道直通主峰。桃源秀区主要有三岔涧、猛虎沟、彩带溪、后寨门、吴道人庵、谷口等处。

樱桃园位于傲徕峰西侧杜家庄北，东临曲曲深涧，西靠绵绵横岭，北依峨峨拔山。

相传，清朝同治年间，山麓王庄的庄主鲁泮藻携他的孩子，在这里凿岩辟拓，构筑室宇，植樱桃，栽竹荷，修成旷远清幽的避暑山庄。鲁氏自题"樱桃精舍"，俗称鲁氏别墅。

清朝光绪年间进士赵尔萃著文记述：

今则田禾茂密，果实缤纷，树可合围，竹可拱把，而池、而鱼、而藕、而芰，鸣禽上下，水木明瑟。来游者莫不欣然艳羡，谓天下以此佳境。

这里的别墅好似农家山村，樱桃遍山，翠竹遍岗，山茶飘香，渠水环流。精舍旧址前有两棵白玉兰树，高12米。东院亭台保留较完整，亭内嵌镶着清代光绪年间泰安学者侯芳苞撰、李泽溶书的《桃源村记》横碣。

亭前边有石砌方池，清代泰安府候补训导李润深书"鉴我池"。

院中油松对生，古柏参天，石几石凳布其间，清静幽雅。

村东为深涧，北有乌龙潭。东岩山坳又有山庄，为樱桃树所掩，名叫上樱桃园。

顺谷而上，峰奇涧深，林茂溪流。奇石欲飞，岩崖欲倾，鸟语不绝，花香沁肺。涧水自拔山老沟而下，穿山越涧，曲行数里，落入池潭，瀑流跌宕，赤鳞鱼在这里繁衍生息着。

泰山以其雄伟壮丽、庄严伟岸的风姿和博大精深的文化内涵，卓然屹立于世界东方，展示着文明古国的风采。

拓展阅读

相传在明朝时候，有个叫徐大用的人在泰安城开店，他待人诚实可亲，生意很兴隆。一天，有位姓何的客人携子来到店里，见他满面愁容，像有心事。徐大用便说："客官，我看你像有什么难处。"

客官闻听此言，含泪说："掌柜的，实不相瞒，去年老母重病在身，危在旦夕，后来听说泰山圣母能为人消病除灾，便到泰山来许愿。若圣母救老母一命，来年定要舍身相许。回去不久母亲病便好了。现在到了还愿的时候，倘若我舍身还愿，母亲无人管，只好以子代父。我儿年方5岁，聪颖过人，我怎能忍心将儿子推下山去？"

徐大用听后，便答应帮忙。他领着孩子在山上转了一圈回来，就说已将孩子舍下山崖。其实徐大用收养了孩子，并让孩子上学读书，这孩子20岁便金榜题名中了状元。

皇帝下旨那天，徐大用将孩子的父亲请来，把事情的经过都告诉了他。父子相见，两人抱头痛哭。

事后，三人又来到舍身崖，抚今追昔，感叹不已。遂将"舍身崖"改名为"爱身崖"，后人又在崖上刻"哀愚"二字，以示后人。

西岳华山

华山位于陕西省西安市以东120千米的华阴境内，是我国著名的五岳之一，古称"西岳"，海拔最高约2千米，高度居五岳之首。

华山以险著称，悬崖绝壁，壁立千仞，素有"奇险天下第一山"之称。它南接秦岭，北瞰黄渭，扼守着大西北进出中原的门户。"势飞白云外，影倒黄河里"，可谓独具特色。

华山是道教圣地，为道教"第四洞天"，虎踞龙盘，气象森森，山上气候多变，形成"云华山"、"雨华山"、"雾华山"等美景，具有仙境般的美感。

西岳华山的历史沿革

　　那是在很久以前，山西境内的首阳山和10条山峦连在一起，为一条山脉。大自然的恩赐与厚爱，使这里气候温润，山下良田无际，芳草萋萋，炊烟袅袅。山上郁郁苍苍，桃花夭夭，白云缭绕。山下有华夏民族的祖先，就在这块土地上繁衍生息。他们日出而作，日落而

息，过着祥和安宁的日子。然而，一场意想不到的灾难发生了。

传说在天庭王母娘娘的蟠桃宴会上，老寿星太上老君因孙大圣一句玩笑的话，笑得手一抖，倾倒了半盏玉浆，酿成了人间洪水泛滥的灾祸。霎时间，一条大河自西向东而来，河水奔腾怒吼，横冲直撞。

由于首阳山的阻拦，河水不能直泻东海，山脚下顿时成了一片汪洋大海。大地一下子变成了水乡泽国，很快淹没了良田和村庄。

主宰西土12万里天地的白帝少昊，看到人们流离失所、叫苦不迭的悲惨景象便心急如焚，他立即请求玉帝，派人治水。玉帝认为，唯有力大无穷的巨灵神可担此重任。

巨灵神名叫秦洪海，生得头如笆斗，眼似铜铃，毛发直竖，腰阔十围，貌似笨拙，行如猿猱。巨灵神自领了玉帝旨命，就踏上首阳峰头，居高临下，察看地形，为的是给洪水找一条合适的出路。

经过细心观察，巨灵神发现在首阳山和其他山峦之间有一条窄狭的峪道，于是他走进峪道，用手推着山峦的石壁，右脚蹬着首阳山的山根，使尽全身力气，大吼一声。只见迅雷劈空，电光闪耀，一声巨响，两山开裂，百丈高一般的黄浪汹涌澎湃从两山之间奔腾东流。

可是由于用力过猛，好端端的最高的山峰也被他掰裂，一高一低，成了两半。于是，高一些的就形成了后来的华山，又叫太华山，低一些的就形成了后来的少华山。

巨灵神站在波涛中，抬头看山峦，已被推进秦岭深处。他回望首阳山，已经藏在波涛的北边，看着被淹没的田地又重新露出水面，他欣慰地笑了起来。

巨灵神长舒一口气，驾彩云向西而去，给人间留下了一幅神奇无比的胜景。后来大诗人李白有"巨灵咆哮劈两山，洪波喷流射东海"的诗句，讲的就是这个故事。

登华山，站在苍龙岭上，东望著名景观"仙人仰卧"，就是开山导河后，仰卧入睡化为山峰的巨灵神。西峰的屈岭南端，有巨灵神观

察地形时留下的足迹。首阳山根有巨灵神开山时的脚印，东峰崖壁上有五指分明的巨灵仙掌。

华山名字的来源说法很多，被称作"华山"最早出现在先秦古籍《山海经》和我国最早的史书《尚书·禹贡》中。也就是说，在公元前3世纪以前就有这个山名了。

有人说，华山的得名，同华山山峰像一朵莲花是分不开的。古时候"华"与"花"通用，正如北魏地理学家郦道元在所著的《水经·渭水注》中所记载：

其高五千仞，削成而四方，远而望之，又若华状。西南有小华山……

所以称之为华山。也有人说，华山起名源于山顶的莲花池。后来，清代擅长写山水游记之类散文的朱耀南在他《华山记》中记载：

山顶池中，生千叶莲，服之羽化，因名华山。

远望华山主峰状如金元宝，与周边环绕的几座小山远望形似莲荷，西峰的翠云宫前又有倒扣莲花花瓣石，称"花山"。又因为近临黄河是华夏发源地，由于人们的口音等原因，称之为"华山"。

华山一共有5座山峰，它们紧紧聚在一起，东、南、西、北4座山峰像4个大花瓣，中峰就像花蕊一样被包在中间，说它像一朵花，真是名副其实。

有了"华山"的名字，附近的地名也受到影响。比如华山北面的县名，就因位于华山的阴坡而取名为华阴县，在华山南坡的取名为华阳。甚至说，中华民族的得名也与华山的名字分不开。

还有人说，我国古代也叫华夏。夏是由于夏族曾居住在满目花簇的华山地带而得名。这两种说法并非无稽之谈，"中华"或"华夏"的得名是与"华山"有关，使得华山这座名山更增添了光彩。

华山的历史衍化可以追溯到距今7000万年前的白垩纪时期，那时秦岭一带发生了强烈的地壳运动，形成一个巨大的花岗岩体的侵入岩，其东西长15千米，南北宽10千米，面积150平方千米。

到了新生代时期，由于华山北麓渭河地堑不断陷落，秦岭山地几经抬升，形成华山主体的花岗岩出露地表，在第三纪新构造运动中大幅上升，加上大自然的风雨雕琢，形成险拔隽秀的山势。

华山奇险峻峭，群峰挺秀，以险峻称雄于世，自古以来就有"华山天下险"、"奇险天下第一山"的说法。据先秦重要古籍，富于神话传说的最古老的奇书《山海经》记载：

太华之山，削成而四方，其高五千仞，其广十里。

华山是秦岭的一个小支脉，因西临少华山，古称太华。华山5峰，即南峰落雁、东峰朝阳、西峰莲花、北峰云台、中峰玉女，其海拔都在2千米以上。

其中，南峰落雁、东峰朝阳、西峰莲花三峰鼎峙，人称"天外三峰"。再加上云台、玉女二峰相辅于侧，36小峰罗列于前，扼守着古代我国的心脏地区。

华山全境属暖温带季风气候，光照充足，自然资源丰富。这里土壤质地良好，适宜粮棉和经济作物生长，是酥梨的生长地。

林木资源有66属，110余种。珍贵树种有华山松、白玉兰、银杏、冷杉等。名贵药材有白细辛、龟形茯苓、野生灵芝、何首乌等。

珍禽异兽有国家级保护动物金钱豹、娃娃鱼、苏门羚、青羊等。农副土特产品种繁多，有黄梅等10多种水果，华山灵芝等中药材900多

种。金、银、蛭石、稀土等各种矿产25种，其中铁矿储量丰富。

地热资源丰富，泉水星罗棋布，醴泉日出水量1200立方米，含有丰富的微量元素，为优质饮用水。

华山是中华民族文化的发祥地之一，我国最早的上古皇室文献《尚书》里就有关于华山的记载，《史记》中也有黄帝、尧、舜华山巡游的事迹。有诗为证：

神游百苑猎新奇，巧酿清纯炒露曦。
相约春风耕蕙圃，插根筷子发荼蘼。

后来，秦始皇、汉武帝、武则天、唐玄宗等十数位帝王，也曾到华山进行过大规模祭祀活动。

华山被称为西岳，与东岳泰山并称，最早见于汉代人应劭所著的《尔雅·释山》一书。西岳这一称呼，据说是因周平王迁都洛阳，华山在东周京城之西，故称"西岳"。

后来，秦王朝建都咸阳，西汉王朝建都长安，都在华山之西，华山不再称为"西岳"。直到汉光武帝刘秀在洛阳建立了东汉政权，华山就又恢复了"西岳"的名称，并一直沿用。

据记载，最早秦昭王曾命工匠施钩搭梯攀上华山。魏晋南北朝时期，还没有通向华山峰顶的道路。直到唐朝，随着道教兴盛，道徒开始居山建观，逐渐在北坡沿溪谷而上开凿了一条险道，形成了"自古华山一条路"。

华山从得名开始，已有2400多年的历史了。《尚书》中记载，华山是"轩辕帝会群仙之所"。

汉唐以前华山虽然有名，但是由于华山太险，很少有人登临，可说是处于探险阶段。为此，历代君王祭西岳，都是在山下西岳庙中举行大典。

唐宋时代，修道求仙的隐士们开始在华山凿洞为祠，也引来了少数的诗人和画家，这是开发的初期。

到了元明时代，山上营建起楼阁殿宇代替了山洞，山路也因此得到修整，有的凿成了石级，有的加上了铁链栏杆，方便了登山的游人，这是开发的盛期。

到了清代，上山的游人不计其数，文人雅士画家来到华山的络绎不绝，极大地增强了华山的盛名。

拓展阅读

相传有位书生刘彦昌上京赶考，闻听华山三圣母十分灵验，便去抽签问前程。他虔诚地连抽三签都是白板，无一灵验。刘彦昌气极了，题诗粉壁墙嘲笑三圣母。

三圣母闻讯用雷雨惩罚他，后又惜他才貌双全，随后与他结为夫妻。

二郎神杨戬得知妹妹三圣母私配凡夫，违犯天条，便把三圣母擒来压在华山下。

三圣母生下个儿子叫沉香，长大后拜师吕洞宾学艺。神功学成，便找杨戬寻仇。经过一场生死大战，舅父杨戬败北。

沉香挥巨斧力劈华山，救出亲娘。至此，刘彦昌、三圣母和儿子沉香终得团圆。

巍峨险峻的奇美风光

华山山路奇险，山峰奇伟，景色奇美，风光幽静，山谷青翠，鸟语花香，流泉垂挂。

华山脚下的玉泉院，是登山的必经之地，因院中泉水与华山上的玉井潜通而命名，亦名希夷祠。

院内长廊回合，殿宇、亭台、秀石别致，溪流环绕，茂林修竹，环境幽雅，泉水清冽甘美。

从玉泉院进山，南行2.5千米，有石门挡路，这就是五里关，人称"第一关"。不远处希夷峡谷，又有一道石门，仅容只身通过，号称"华铁门"，俗称"第二关"。

大高崖瀑布又名搭钩崖瀑布，在华山峪希夷峡东北侧，这里崖壁直立如削，高百余米，人无法从这里攀登，过去只有药农和猎户搭钩登崖。

崖上平素无水，但有流水冲刷的石槽自崖顶直达谷底。每逢大雨时，流水由崖顶一泻而下，水雾茫茫，声震崖谷，气势非常壮观。

位于华山峪道3千米处，是华山道士焦道广隐居时的住所。从小上方南端，沿着一条攀链而行的险路拾级而上，首先见到一石门，此称西元门，据《岳志》记载，这是当年唐玄宗找金仙公主的地方。

门北有一"老爷洞"。从这里向西南望，对面绝壁上刻有"云峰"两个大字，苍劲有力而又飘逸洒脱。从老爷洞沿壁拉索，向东北方向而上，路上有一块呈马鞍形的巨石，这叫马鞍桥。

这里有一处刻石题字写道：

周道谨、王文友重修唐时古道，
建炎三年四月终功毕记。

由马鞍桥一下一上，便到了"雷神洞"。此为一天然石洞，形似竖井，四壁如刀削一般，仅容一人上下。洞边有一木梯，上端在崖壁间凿孔架一独木桥，游人挽索登桥贴壁而上，十分惊险。

石壁上刻有"洞在高山"4个大字。出洞四望，豁然开朗，峰峦叠翠，林木苍郁，奇花竞秀，流泉淙淙，飞鸟时鸣，如入神话境界。

尤其阳春三月桃花盛开时节，芳草鲜美，落英缤纷，满目红霞，更给人一种"无限风光在险峰"之感。

经沙萝坪、毛女洞、过云门，就到了青柯坪，路程恰为一半。前面西峰拔地而起，气势磅礴，北眺秦川，渭河如带，黄河隐约可见。

过青柯坪，转弯、过桥，上陡坡后，会发现有大石壁上篆刻"回心石"3个大字。

这里距山门口有5千米之多，虽然一直走在峪道，但坡陡路长，人感觉很累，到这里才算真正开始上山，到这里常畏险不前，许多人因而原道返回，所以这块石头取名"回心"。

民间传说，那是在元朝的时候，道士贺志真带领两个徒弟在华山开道凿洞，每凿一洞，就让给别人。

这样天长日久，两徒弟就有些不高兴，本想跟上师父学点东西，现在不但没学到什么东西，而且天天吃苦凿洞。

这天，师徒三人在南天门外悬空凿洞时，两徒弟砍断绳索，眼看

师父坠入深渊。两徒弟随即下山，没想到走到"回心石"处与师父相遇。俩徒弟知道师父已经成仙，不是凡人了，于是悔恨不已，决心回心转意，又随师父上山修炼。后来两徒弟也都修炼成仙了。

过了回心石，眼前就是又陡又长又窄的千尺幢、百尺峡，势如刀削，天开一线。

千尺幢是华山第一险道，形如裂隙，四壁直立，凿石为

梯，登山时向上仰视，一线天开。往下望如深井，其间仅容二人上下穿行。坡度为70度。

从上到下共有370多个台阶，皆不满足宽。石阶的宽度只能容纳一个人上下，两旁挂着铁索，人们手攀铁索，一步步向上登。下山时比上山时更险，如临深井，从胯下窥视路面。

"千尺幢"顶端，有一个仅容一人的石洞，因为当人们爬上最后一个石级时，便可从洞中钻出，故而此洞名叫"天井"。

"天井"上有一平台，台上刻写的"太华咽喉"，形象地说明了这里的路形如人的咽喉食管，既窄又突出且长。"天井"口为"太华咽喉"中段，若从此堵住，上下就会绝路。

再往前走，还有一处险路百尺峡。百尺峡是华山天险之一。百尺峡没有千尺幢那么长，仅46米，有91级石阶，可是这里势危坡陡，石

壁峭立，通道狭窄，还有悬石，摇摇欲坠。

明朝的端木有诗称赞这里的惊险，诗中写道：

幢去峡复来，天险不可瞬。
虽云百尺峡，一尺一千仞。

千尺幢、百尺峡的台阶都是明末清初开始凿的，后来又多次修整，又凿出复道，游人上下各行其道。

走出百尺峡，过仙人桥，前面又是一段险路"老君犁沟"。华山民谣道：千尺幢，百尺峡，老君犁沟往上爬。

传说在很久以前，华山通北峰的山道是财东驱使佃户和长工修的，修路工程异常艰巨，伤亡人不少。

有一天，太上老君骑青牛路过华山，看到了开山人的辛苦，便用如意柄变成铁犁，套上坐骑青牛，自己扶犁挥鞭，硬是在陡峭的岩壁上犁出了一道长沟。

人们遥对驾云东去的老君叩拜，并把老君开的这条陡道叫"老君犁沟"。太上老君走得匆忙，把青牛忘了。青牛留在了华山，化为"卧牛石"。人们后来在聚仙台开石凿洞，命名"犹龙洞"，供奉太上老君。

"老君犁沟"是登山必经险路，依山傍壑，陡坡直上，铺有570级石阶。在"老君犁沟"的尽头是"猢狲愁"，顾名思义，崖壁太陡峭了，连猴子都发愁。

从猢狲愁下聚仙台，聚仙台古名空灵峰、窝风崖，在北峰横翠崖西的一个平台上。古代自横翠崖西登台途中架有吊桥，桥板曳起，即成天堑。

传说，轩辕黄帝曾到聚仙台与群仙聚会，并与神仙在此下棋。一位樵夫路经此地，被棋局吸引，就放下斧头在一旁观战并入了迷，但见周围树叶落了又绿，绿了又落，不知是什么缘故。

等到他想起回家时，发现斧柄已腐锈，待回到家中，村人皆不认识他。殊不知"仙界一日，凡间百年"。于是他返回华山修道炼丹，后来羽化成仙。

聚仙台上原凿有连体石洞，面积约数十平方米，后依洞筑庙，历代不断修葺扩建，自成道院。

清宣统年间重修，增建楼阁3间。这里环境幽雅，花木掩映，堪称天然仙境，古代名人隐士多来这里修身养性。

聚仙台也是雨后观赏水帘瀑布的最佳位置。台西北角崖下有石洞，名王子丹成洞，也叫王子求仙洞。这里，还传有这样的歌谣：

王子去求仙，丹成八九天。

洞中方七日，尘世已千年。

　　过横翠崖北上就登上了海拔约1.6千米的北峰。北峰为华山主峰之一，四面悬绝，上冠景云，下通地脉，巍然独秀，恰如一座平台，因而又叫云台峰。

　　峰北临白云峰，东近量掌山，上通东西南3峰，下接沟幢峡危道，峰头是由几组巨石拼接组成，浑然天成。

　　绝顶处有平台，原建有倚云亭，后残留有遗址，是南望华山三峰及苍龙岭的好地方。峰腰树木葱郁，秀气充盈，是攀登华山绝顶途中理想的休息场所。

　　北峰上景观颇多，有长春石室、真武殿、焦公石室、仙油贡、神土崖、玉女窗、倚云亭、老君挂犁处、铁牛台、白云仙境石牌坊等，各景点都伴有美丽的神话传说。

长春石室是唐贞观年间道士杜杯谦隐居的地方，传说杜杯谦苦心修炼断谷绝粒，喜好吹奏长笛，经常叫徒弟买回很多竹笛，吹奏完一曲，就把笛投于崖下，投完后再买，往而复始，从未间断。因他能栖息崖洞中累月不起，便自号长春先生。

真武殿为供奉镇守九州的北方之神真武大帝而筑。真武殿为北峰主要建筑，千百年间旋兴旋废。后来又重建，依崖就势，古朴典雅，保存了原建筑的风格，成为北峰主要人文景观之一。

焦公石室、仙油贡、神土崖都是因焦道广的传说而得名。相传那还是北周武帝时代，道士焦旷，字道广，独居云台峰，餐霞饮露，绝粒辟谷，身边常有三青鸟向他报告未来的事情。

传说武帝宇文邕闻知他的大名，便亲临山中问道，并下令在焦公石室前建宫供他居住。

筑宫时，峰上无土，缺乏灯油，焦道广默祷，便有土自崖下涌出，源源不绝。油缸里的油也隔夜自满，用之不竭。

后来人们就把涌土的地方叫神土崖，把放油缸的地方称仙油贡。

自北峰向上攀登，经过狭长陡峭的擦耳崖，可到达天梯。天梯为华山著名险道之一。梯路开凿在直立如削的岩石上，面临万丈绝壑，石阶几乎接近90度。

天梯的顶端，有一处"日月崖"。只见一石独立，顶天立地，孤立于云端，中间被一道缝隙隔成一大一小，形若日月，因此得名。

据说一代女皇武则天登上华山，行至"日月崖"时，以这两块形似日月石头命名自个儿的字号"曌"，含义为"两块奇石上顶青天，下临空谷，唯我独尊"，昭示着这位女中豪杰与日月共齐，俯瞰天下的信念与气魄。

过了天梯就到了苍龙岭。苍龙岭是在救苦台南、五云峰下的一条刃形山脊，是华山著名险道之一。因岭呈苍黑色，势若游龙而得名。

岭的西边临青柯坪深涧，东临飞鱼岭峡谷，长约百余米，宽不足1米，中突旁收，游人在上面行走，胆战心惊，如置云端，惊险异常。

这里留下了韩愈投书的故事。那是在唐朝的时候，学士韩愈因阻止皇帝迎佛骨被贬，心情不爽，便想游华山解忧。

韩愈游历了中峰、东峰、南峰、西峰后，便想下山回去。

当他来到两尺多宽、下临深渊的苍龙岭，骑在龙背上时，心惊胆战，上下不能，便放声痛哭。面对险境，认为自己小命难保，打开背包，取出笔砚，草草给家人写了一封遗书，投到岭下。

韩愈的遗书恰巧被在山下散步游玩的华阴县令拾到，随即命衙役上山将韩愈背下山来。这段名人逸事，为游人增添了少许情趣和遐想。还留下了苍龙岭上端"韩退之投书处"的胜迹。

相传，古时候山西武乡有个叫赵文备的人，百岁时游华山，闻韩愈投书故事，便在崖壁题刻：

苍龙岭韩退之大哭辞家，赵文备百岁笑韩处。

明代的杨嗣昌也认为，韩愈之所以在苍龙岭痛哭，是因为苍龙岭的奇险壮美，实在太令人惊叹了，以他的才华，也不能用笔墨表达出来，只好大哭一场来抒发自愧才疏的心情。

清代华阴名人王宏嘉在《华山记》中记述到这个故事时说，韩愈面对宪宗皇帝，面无惧色，慷慨陈词，指出皇帝的错误，要皇帝改正，他的胆量是超过一般人的，不会在苍龙岭胆怯失态，他认为这个传闻，一定是编造的。

尽管如此，行人还不敢站着行走，而是骑在岭上，一寸寸往前移动，因此人们又称苍龙岭为搦岭。直到唐末，岭脊两侧始设石栏矮墙，也才有了少量的石凳石窝。

到了明清时期，随着朝廷对华山神祭祀次数增多，整修华山道路有了大的举动，苍龙岭有了250级石阶。

后来，苍龙岭险道几次拓修，护栏逐年加固，石阶增至530余级。为了使岭上不再发生拥塞和危险，又在苍龙岭东飞鱼岭开凿登山复道以保证安全上下。

过苍龙岭就是金锁关。金锁关形势险要，是华山东峰、西峰和南峰的咽喉。在三峰之间是一片洼地，西面有镇岳宫，它依山岩而建，松林笼罩，有名的"玉井"就在院中。

　　每当雨季，玉井的水溢流出来，经过"二十八宿潭"奔注东西两峰之间，变成瀑布飞流直下，成为华山名胜。

　　古人称华山三峰，指的是东西南三峰，玉女峰则是东峰的一个组成部分。后来，人们将玉女峰称为中峰，使其也作为华山主峰单独存在了。

　　东峰是华山主峰之一，海拔约2千米，因位置居东得名。峰顶有一平台，居高临险，视野开阔，是著名的观日出的地方，人称朝阳台，东峰因而被称为朝阳峰。

　　古代登东峰道路艰险，明代百科式图录类书《三才图会》中记述说，山冈如削出的一面坡，高数十丈，上面仅凿了几个足窝，两边又无藤蔓可攀援，登峰的人只有趴在岗石上，手脚并用才能到达峰巅。

　　东峰顶生满巨桧乔松，浓荫蔽日，环境非常清幽。自松林间穿行，上有桧乔松绿荫，如伞如盖，耳畔阵阵松涛，如吟如咏，让人觉得心旷神怡，超然物外。

东峰有景观数十处，朝阳台北有杨公塔，为杨虎城将军所建，塔上有杨虎城将军亲笔所题"万象森罗"4字。此外，东峰还有青龙潭、甘露池、三茅洞、清虚洞、八景宫、太极东元门等。

险道经过整修加固后，亭台重新获得建造，在八景宫旧址上，重新矗立起了一栋两层木石楼阁。

东峰顶上有3个茅洞，洞内有五代宋初著名道教学者、隐士陈抟像，洞外有甘露池。附近的清虚洞前有一孤峰，在峰顶上有铁瓦亭一座，铁棋盘一副，名为"下棋亭"。

据说宋太祖赵匡胤曾在这里和陈抟下棋，结果输给陈抟，该亭由此得名"赌棋亭"。

华岳仙掌在东峰，是指东石峰的面东崖壁。大自然的风剥雨蚀在崖上造化了一面手掌形石纹，高数十米，五指分明，形象生动逼真，人称"华岳仙掌"，被列为陕西有名的关中八景的第一景。

古人有许多吟咏仙掌的诗文赋记，篇篇都妙语连珠。唐诗人刘象有《咏仙掌》诗一首，诗中写道：

万古亭亭倚碧霄，不成擎亦不成招。
何如掬取天池水，洒向人间救旱苗。

据说刘象后来因此诗而诗名大振，被人称为刘仙掌。此外，唐喻的《仙掌赋》、关图的《巨灵擘太华赋》等都是一咏三叹，荡气回肠的佳作。

南峰是华山最高主峰，海拔约2.16千米，也是五岳最高峰，古人尊称它是"华山元首"。登上南峰绝顶，顿感天近咫尺，星斗可摘。

峰南侧是千丈绝壁，直立如削，下临一个断层深壑，同三公山、三凤山隔绝。

南峰由一峰二顶组成，东侧一顶叫松桧峰，西侧一顶叫落雁峰，也有说南峰由三顶组成，把落雁峰之西的孝子峰也算在其内。

这样一来，落雁峰最高居中，松桧峰居东，孝子峰居西，整体像一把圈椅，3个峰顶恰似一尊面北而坐的巨人。

明朝文学家袁宏道，在他的《华山记》一书中记述南峰说："如人危坐而引双膝。"

落雁峰名称的来由，传说是因为回归大雁常在这里落下歇息。峰顶最高处就是华山极顶，登山的人都以能攀上绝顶而引以为豪。

历代的文人们往往在这里豪情大发，赋诗挥毫，因此留给后世诗文记述颇多。峰顶摩崖题刻琳琅满目，俯拾皆是。

唐朝的作家冯贽在他记录异闻的古小说集《云仙杂记》中记述诗人李白登上南峰时的感叹说：

此山最高，呼吸之气想通天帝座矣，恨不携谢朓惊人句来搔首问青天耳。

落雁峰周围还有许多景观，最高处有仰天池、黑龙潭，西南悬崖上有安育真人龛、迎客松等景观。

松桧峰稍低于落雁峰，但面积比落雁峰大。峰顶乔松巨桧参天蔽日，因而叫松桧峰。

松桧峰上建有白帝祠，又名金天宫，是华山神金天少昊的主庙。因庙内主殿屋顶覆以铁瓦，也有称其铁瓦殿的。

松桧峰周围有许多景观，主要有：八卦池、南天门、朝元洞、长空栈道、全真岩、避诏岩、鹰翅石、杨公亭等。

其中，长空栈道位于南峰东侧山腰。

长空栈道有700余年的历史，是华山派第一代宗师元代高道贺志真为远离尘世静修成仙，在万仞绝壁上镶嵌石钉搭木椽而筑。

栈道路分3段，出南天门石坊至朝元洞西，路依危崖凿出，是为上段。折而向下，崖隙间横贯铁棍，形如凌空悬梯，游人须挽索逐级而下，称之"鸡下架"，是为中段。

西折为下段，筑路者在峭壁上凿出石孔，楔进石桩，石桩之间架木椽3根，游人到此，面壁贴腹，脚踏木椽横向移动前行。

栈道上下皆是悬崖绝壁，铁索横悬，由条石搭成尺许路面，下由石柱固定，游人至此，面壁贴腹，屏气挪步，长空栈道是华山险道的险中之险。

古往今来，历险探胜者络绎不绝，其中不乏文士名流，多有记述传世。明代"后七子"之一的李攀龙《太华山记》记述：

出南天门向西就是栈道，栈虽有铜柱铁索拦护，然阔不盈尺。行二十余丈方至尽头。下折为井，高约三丈，旁出复为栈……

仰天池在华山南峰绝顶，也就是华山海拔的最高处，因站在池畔，仰望青天若在咫尺而得名。

仰天池为岩石上一天然石凹，呈不规则形，深约1米，池水面积约3平方米，水色清澈，略呈绿色。池水涝不盈溢，旱不耗竭，成为华山十大谜之一。又因池距太上老君洞相近，传说太上老君常汲池水炼制金丹，又称为太乙池、太上泉。

仰天池畔岩石上题刻琳琅满目，如"太华峰头"、"沐浴日月"、"登峰造极"、"顶天立地"、"袖拂天星"等，大多出自名家手笔，袁宏道、米友石等都在这儿留有墨迹。

明代书画家王履有在《南峰绝顶》诗中写道：

搔首问青天，曾闻李谪仙。
顿归贪静客，飞上最高巅。
气吐鸿蒙外，神超太极先。
茅龙如可借，直到五城边。

黑龙潭在南峰仰天池南崖下，潭深尺余，面积约一平方米，常年积水，大旱不涸，水色多有变化。

史志记述，天旱时，百姓常来此祈雨，多获灵验。《说铃》一书记述，潭中有黑龙居住，龙在水黑，龙去水清，当地人称水为华山的顶门水。潭涝不溢、旱不涸，水色变化无常，人们不得其解，也成为华山十大谜之一。

据记载，1777年，正逢下种时节，陕西大旱，庄稼种不下去，百姓心急如焚，陕西巡抚毕沅登山到南峰金天宫和黑龙潭祀神祈雨，果然陕西普降甘霖两昼夜，严重的旱象得以解除。

毕沅下山后，看到沿途百姓扶老携幼一片欢呼，便派使臣禀明圣上，请求赐颁御书匾额，以答谢岳神遣龙行雨的澍荫之美。

差役回来禀报说乾隆皇帝赐字"岳莲灵澍"。毕沅立即率文武同僚到郊外跪迎，并立石刻碑，将这4字镶以纯金，放在西岳庙御书房内，这就是现在陕西最大的卧碑。

迎客松在南峰仰天池西，一松孤立崖上，枝干苍劲多曲，形如躬身伸臂作迎客状，被人们称之为迎客松。

西峰是华山最秀丽险峻的山峰，海拔约2千米，峰顶翠云宫前有巨

石形状好似莲花瓣，古代文人多称其为莲花峰、芙蓉峰。

传说故事《宝莲灯》中，沉香劈山救出三圣母的地方，就是华山西峰。峰的西北面，直立如刀削，空绝万丈，人称舍身崖。

明代著名地理学家、探险家徐霞客在《游太华山日记》中记述：

峰上石耸起，有石片覆其上，如荷花。

西峰为一块完整巨石，浑然天成。西北绝崖千丈，似刀削锯截，陡峭巍峨、阳刚挺拔之势是华山山形的代表。

登西峰极目远眺，四周群山起伏，云霞四披，周野屏开，黄渭曲流，置身其中若入仙乡神府，万种俗念，一扫而空。

自古以来文人吟咏西峰的诗文很多，唐代乔师对有《西峰秦皇观基浮图铭》，明代书画家王履有《始入华山至西峰记》，甚至唐代国子监殿试也以莲花峰为题。

中峰又称玉女峰。这里流传着一个美丽的爱情故事，也叫吹箫引凤的故事。

传说那是在春秋时代，秦穆公得宝贝女儿，便起名叫弄玉。弄玉自小聪明伶俐，颇通音律，能吹百鸟叫声。

有天夜晚，她正入神地吹奏凤凰鸣的曲子，忽然有人用箫吹奏曲音附和，双音鸣奏，非同凡响。

原来弄玉招来了知音，华山箫史闻听音乐，听箫而至。两人的合奏引来了赤龙彩凤纷纷舞蹈。秦穆公大喜，安排箫史住下。

弄玉日久便对箫史产生了爱慕之情，秦穆公欣然应允。俩人情投意合，结为夫妻。嗣后，他们放弃宫廷荣华富贵，箫史乘龙，弄玉跨凤，双双来到华山中峰隐居，玉女峰由此得名。

玉女峰形如鸟头，上丰下缩。峰顶有一巨大的石梁，形状像龟。后人为了纪念不慕荣华的弄玉在龟背上建有玉女祠。

祠内原供有玉女石尊，另有龙床及凤冠霞帔等物，已毁了。后来的祠是后人重建的，玉女塑像也是后来重塑的，其姿容端庄清丽，古朴严谨。

祠前有石臼5个，传为弄玉洗头盆。旁边有石马一匹，相传是弄玉进山所乘骏马的化身。祠后有品箫台、引凤台。

中峰山崖上有独松一棵，不见根，松枝凌空招展，树干无鳞有光，名叫舍身树。古人抒写玉女及玉女峰的诗文较多。唐代杜甫在他的《望岳》诗中有名的诗句：

安得仙人九节杖，拄到玉女洗头盆。

这些诗句都是针对华山的挺拔如削而言的。

华山山麓下的渭河平原海拔仅330米至400米，同华山高度差为1.7千米，山势巍峨，更显其挺拔。

"势飞白云外，奇险冠天下"的华山，以其磅礴的气势，巍峨的雄姿，赢得了"天外三峰"的美名。

拓展阅读

华山莎萝坪上边有毛女洞和古丈夫洞，传说是毛女仙姑与秦宫役夫栖身修道的地方。

毛女仙姑名叫玉姜，是秦始皇从楚国掠来的少女。由于她生得明眸皓齿，端庄秀丽，且又颇通音律，擅长抚琴，秦始皇就把她留在阿房宫。

秦宫中有个役夫叫张夫，被征去骊山为秦始皇修造陵墓。后来又通过琴声与玉姜相识。当听到秦始皇要选择宫女陪葬的消息后，张夫乘机借夜色掩护，将玉姜带出宫来。行了半个月，才逃进华山。

他们自从进山入石洞后，饥吃松子山菜野果，渴有山泉潺潺。夜来时，一张瑶琴，同奏世外清音。渐渐地遍身生绿毛，颜面如涂漆。猎人与樵夫常常遇见，齐声呼仙人。直到唐朝，还有两个采药的人在芙蓉峰请两位大仙喝酒吟诗。

毛女和张夫当年栖身的石洞依然如旧。不过有人传说，登华山的游人在夜间有时还能听到毛女洞中悠悠的琴声呢！

南岳衡山

衡山，又名南岳、寿岳、南山，位于湖南衡阳，是我国南方的宗教文化中心，五岳之一。

南岳衡山以祝融峰之高、藏经殿之秀、水帘洞之奇、方广寺之深而著名，并称"衡山四绝"；以春观花、夏看云、秋望日、冬赏雪为"衡山四季佳景"。

衡山还有许多名胜古迹和神话传说，形成了丰富多彩的文化沉积。它宛如一座辽阔的人文与山水文化和谐统一、水乳交融的巨型公园，吸引着海内外游客。

衡山和祝融峰的民间传说

南岳衡山的来源有很多的传说。一说盘古开天辟地，死后化为山川林木，头为东岳泰山，脚化为西岳华山，腹化为中岳嵩山，右臂化为北岳恒山，左臂化为南岳衡山。

一说是中华始祖之一的炎帝神农氏追赶朱鸟，用神鞭将朱鸟打落变成南岳，所以大家在南岳古镇入口处所见的牌坊上便绘有朱鸟图案，南岳山徽"朱鸟"因此而来。

相传帝喾任命祝融担任火正之官。祝融是古时"三皇五帝"中的三皇之一，他在担任火正时，以火施化，为民造福，能昭显天地之光明，生柔五谷林木，后世尊为火神。

后来祝融升天当了神仙，他把火种埋在了衡山的山里，谁知火种慢慢地燃了起来，南岳一时成了火海。

衡山的山神急了，忙请东海龙王来救火。

老龙王降下雨水，可火不灭反而更大了。老龙王向观世音求救，观世音说："只有打通衡山通向渤海的那条通道才可以灭火。"

龙王叫了手下800只龙，日夜不分，打通了那条通道。火灭了，但龙王还怕火再次燃起来，于是叫龙儿们日夜守候在那里。

冬天，天气寒冷，让火大一些，融化山上的雪水，给衡山以湿润和温暖。夏天，用泉水灌输，让火小一些，使天气能凉爽。

正是因为这样，衡山才会有这么舒适的环境。而在南岳大庙里还有那800只蛟龙在那儿守护这片山山水水。

因为祝融熟悉南方的情况，黄帝又封他为司徒，主管南方事物。他住在衡山，死后又葬在衡山。为了纪念他对人们的重大贡献，将衡山的最高峰命名祝融峰。在古语中，"祝"是持久，"融"是光明，

即让他永远光明。

祝融峰挺拔突起，高出芙蓉、紫盖、天柱、祥光、烟霞、轸宿诸峰之上。在祝融殿的西边，有望月台，月明之夜，皓月临空，银光四射，景色格外明丽。站在台上，欣赏月色，别有一番景象。即使月亮西沉，这里也留有它的余晖。正如明代孙应鳌的诗所描绘的：

人间朗魄已落尽，此地清光犹未低。

祝融峰附近寺庙林立，其南面有上封寺，隋代以前叫光天观，是道教活动的地方。隋炀帝大业年间，下令改为上封寺。

上封寺的正前方是南天门。上封寺后的山上有观日台，现设有气象台。在观日台旁边，有一块石碑，上面刻有"观日出处"4个大字。在秋高气爽，特别是雨后初晴的日子里，游人可以看到"一轮红日滚金球"的奇景。

衡山有遍山遍岭的竹子，有楠竹、斑竹、毛竹、凤尾竹，还有箭竹、水竹和紫竹。这里的竹子能够结竹米，可以吃。

相传很久以前，祝融峰北面中山沟有座茅屋，住着一个名叫刘二的人，全靠打柴为生。

一天，他扛着扁担、带着弯刀上山去砍柴。看见一头大野猪正在拱竹笋吃。他冲上前去，举起扁担向野猪猛刺。野猪惨叫一声，没命地逃跑了。刘二把笋子扶正，用松土培好，还砍了几根杂树棍钉在四围，才又上山去砍柴。

不久，那只竹笋长成了一根楠竹，青枝绿叶，又大又好看，刘二就把它移栽到自己的茅屋前面。第二年又发了许多竹笋，很快成了竹林。刘二非常高兴，一有空闲，就给竹子培土送肥。竹子越长越多，把刘二的屋子围得严严实实。

有一年，衡山大旱，老百姓日子很难过，刘二也饿得头昏眼花，每天以野菜、树皮度日。但是，再难他也舍不得砍竹子换粮吃。

一天夜里，他似睡非睡，听到一个声音："我是您亲手栽的那根大竹，名叫竹仙，您救了我的命，多年来，精心栽培，为了报答您的恩情，我们在竹子上结了竹米。"

刘二将信将疑，第二天一早，他走到竹林一看，一棵棵竹子上真的结了厚厚的一层竹米。竹米有麦粒那么大，长长的，两头尖，中间圆，淡黄色。他摘了两升，拿回去煮成稀饭，一尝，香喷喷，软绵绵，就像稻米那么好吃。刘二连忙把这个好消息告诉乡亲，遍山遍岭的竹米帮他们度过了一场百年不遇的饥荒。

从此以后，衡山的老百姓对竹子有了特别的感情。他们经常垦竹山，赶野猪，保竹笋，使南岳山的竹子长得越来越茂盛。

到了唐尧、虞舜时代，就有了帝王们到衡山巡狩祭祀的记载，也就是在那时，衡山才有了正式的封号"南岳"，相传那时的尧帝、舜帝、禹帝均到过南岳祭祀。《尚书》、《周礼》、《尔雅》、《山海经》、《水经注》等著述中都均有关于南岳衡山的记述。

后来，史学家司马迁在《史记》中记载了尧帝曾经巡狩到衡山：

舜……五月南巡，至于南岳。南岳，衡山也。

大禹治水时也曾在衡山杀马祭天地，在皇帝岩斋戒祈求上天帮助，获天赐金简玉书，取得了治水方案，制服滔天洪水，功垂万世。

拓展阅读

相传，每年祝融都会带着自己身边的官员，爬到南岳的最高峰上，主持举行"祭山"仪式，祈祷南方各地风调雨顺，五谷丰登，使这里人们的生活比赫胥氏时代又有了进步。

这里的黎民百姓对祝融都非常尊敬，每年秋收以后，他们就成群结队地来朝拜祝融。因为，火是赤色，祝融教化大家如何用火。所以，这里的人们都尊称他为"赤帝"。

层峦叠翠的南岳七十二峰

　　衡山气势雄伟，层峦叠翠，林壑深幽。因其地处江南，群峰云雾缭绕，给人以奇妙莫测之感，唐代文学家韩愈曾有"欲见不见轻烟里"的赞誉。

　　衡山山形似朱雀，且山中多雨，常有云雾缭绕，从湘江之滨远远望去，的确像云雾中的一只大鸟凌空飞翔。其雄伟的姿态、恢宏的气派，无愧为名山南岳之称。

　　72峰分布在长沙一峰，湘潭、湘乡之间一峰，衡阳4峰，湘潭3峰，衡山县有63峰。

　　从衡山县湘江之滨远远望去，那耸立南天的祝融峰，形如鸟啄，状如鸟首。东边的吐雾、中紫、白马、采霞、晚霞、凤凰诸峰，状如马冠。

以祝融峰为轴峰，前面的芙蓉等16峰，紧相依傍，恰似朱鸟壮实的身躯。后面的青岭等13峰，活像翘得长长的鸟尾；南面石廪直至衡阳的回雁等20峰和北面的紫盖乃至长沙的岳麓山等22峰，俨若朱鸟展开大约数百里的彩翼。

清朝人魏源写了"唯有南岳独如飞"，一个"飞"字把72峰说活了，形象地把南岳衡山比作展翅欲飞的大鸟，鸟的头是昂首天外的祝融峰，其南面的芙蓉等16峰紧相依傍，很像鸟的巨大躯体，北面的紫盖峰至岳麓山的22峰则仿佛大鸟张开的彩翼。远望犹似大鹏展翅，跃然欲飞，显示出雄俊、磅礴的气势。

紫盖峰在岳庙东，峰顶有仙人池，峰下有洞灵崖。晋末，邓道士得道处，峰右为朱陵洞。相传与广东罗浮相通，为道家第三洞天。洞口今闭，下有飞泉挂壁，状如垂帘，又称水帘洞。

水帘洞，古名朱陵洞，相传是朱陵大帝居住的地方。道家认为它是道家的"第三洞真虚福地"，乃"朱陵太虚小有之天"，简称"朱陵洞天"，历来是神仙居住的洞府。后人称朱陵洞为"紫盖仙洞"。

相传远古时候，大禹治水，来南岳求金简玉书，曾在朱陵洞天举行祭祀的典礼。唐朝开元年间，唐玄宗曾经派遣内侍张奉国带道士孙智凉等人，专程从京师来到南岳朱陵洞投放金龙玉简。这一"洞天投龙"的盛况，详细地记载在《南岳志》上，后人在水帘洞投金龙玉简处写下一副对联：

北向独不朝，泻千尺银河，溅玉飞珠，相望源头来紫盖；

西巡应有恨，弃九重金阙，投龙续命，空寻洞穴向朱陵。

在水帘洞瀑布源头，三支泉水汇集一起，流入水帘洞上方谷地。谷地阔三丈，原是梁朝的九位真人白日飞升的栖息之地，后建造九仙观。九仙观附近有太阳泉、洗心泉、洞真源、仙人池等。

泉水从石壁上飞流直泻，宽达3米，高50余米，泻珠溅玉，仿佛一幅巨大的白布帘，在石壁当中被乱石嶙岩挡住，然后再从石缝里屈曲折射，跳跃出来，满谷水花四溅，闪烁着晶莹夺目的光彩，发出雷鸣般的声音，声传十里。明朝张居正游此地后说：

瀑泉洒落，水帘数叠，挂于云际，垂如贯珠，霏如削玉。

水帘绝壁下有碧潭，明朝张居正作《水帘洞》一赞道：

误疑瀛海翻琼浪，莫拟银河倒碧流。

自是湘妃深隐处，水晶帘挂五去头。

这首诗可说是写出了水帘洞的光、声、影三绝的奇景了。

在水帘洞右边，石壁陡峭。原先在岩上有石屋一幢，名叫龙神祠。这祠堂是唐玄宗派内侍张奉国和道士孙智凉投"金龙玉简"的处所。

距龙神祠相隔20余丈的山洞对面，有一座麻石嵌镶建造的六角凉亭，叫雪浪亭。是清人李元度在清光绪十年时建成的。亭中有石桌、石凳。亭以洞水翻腾如雪浪而取名。

传说朱陵洞与衡阳石鼓山上的朱陵洞相通，在石鼓的为朱陵后洞，在南岳的为朱陵前洞。水源来自南岳紫盖峰顶，流经山洞，汇入

6米余宽、深不可测的石洞。水满溢出，垂直下泻，形成瀑布，高60余米，宛如水帘悬挂九天，故名水帘洞。

每逢晴日当空，水帘上面，飞虹耀目，五彩缤纷，蔚为奇观。唐、宋、明、清各个朝代，都有不少诗人名家为之题刻赋诗。石刻有宋代的"南岳朱陵洞天"、明代的"天下第一泉"、清代的"夏雪晴雷"、"醉眠观瀑"。

芙蓉峰在岳庙后，峰峦俊秀，远处眺望，宛如芙蓉。峰上有毗庐洞，洞周围25千米，相传为禹王城。峰上飞流如绢，掩映青林，直挂山下。峰上还有见方的讲经石，上镌"天下太平"4字。

石廪峰在岳庙西南，形如仓廪，一开一盖，开则岁俭，盖则岁丰。上有风穴雷池诵经坛，传说为陈真人炼丹台遗址。峰下有仙人石室，过者常闻吟诵之声。

云密峰在岳庙后面，上有禹王碑刻蝌蚪文，禹碑下有石坛，坛下流水潺潺。峰北有仙灯岩，每遇黑夜，就有火光闪闪，还有禹岩、桃花源等古迹，峰下有云封寺、云密寺等。紫云峰在岳庙后西北，下有文定、甘泉、白沙等书院，有衡岳寺、长寿庵等遗址，是唐高僧懒残大师、惠日和尚住过的地方。

集贤峰在岳庙后，峰下有黄庭观、飞仙石，相传是南岳魏夫人升仙处。石上圆润，下面尖削，寄托于他石之上，一手可推动，人多反而推不动。峰下有白龙潭古迹和集贤书院，为李泌、张九龄旧游地。

烟霞峰在岳庙后的南天门右后。峰下有懒残岩、烂柯岩、净瓶岩、凌霄坛、高明台等古迹。凌霄坛有宋人石刻：

乾坤天地，名山大川，上下四维，有感明人。

高明台有李泌手书"极高明"3字和韩愈的诗句石刻，笔力刚劲：

邺侯藏多书，插架三万轴。

掷钵峰在岳庙后的磨镜台上，原有东廓、南轩书院。寺有福严、南台。

福严寺有唐太宗御书梵经50多卷，楚云上人刺血写的《妙法莲花经》一部，清乾隆皇帝藏书，现均无存。还有讲经台、三生塔、隐身岩、福严洞等古迹。峰以惠思应召去京掷钵的传说而得名。

莲花峰在岳庙西20千米，状如莲花。方广寺建于"莲花心"中，寺内有慧思、海印和尚的补衲台、洗衲池，寺前有飞来钟悬于白果树上。寺内有宋徽宗赵佶题"天下名山"匾额挂在佛殿，后移至半山亭。

金简峰在岳庙左，右有大禹岩、黄帝岩、金简台等古迹。光明台有珊瑚灵芝，每到深夜，有灵光如烛，相传是大禹求金简玉书处。峰上有石刻：

黑沙之水，知乳甘泉，人得一喝，地久天长。

黄帝岩上有宋徽宗赵佶题"寿岳"石刻。

安上峰在岳庙西4里许。其上有舜庙、舜洞、舜溪、舜井。峰多巉岩，山里人叫尖垒。石岩上有游人题诗：

月宫曾折桂，遗影玉蟾边，
人即收仙籍，垒应系洞天，

有名终不古，无物胜长年，
妙得琴中趣，此声非指传。

　　巾紫峰在衡山县城后，上有紫金台，台径1米。有相传为大禹祭舜处和王十八菜园等古迹。静谷有二石层叠，是王十八打坐处所，北山有石洞，是他去南岳路径。

　　朱明峰在岳庙后面，峰下有洞，相传为邝仙修炼成仙之所。自从他进洞以后，不复再出，相传为南岳前洞。

　　狮子峰在岳庙后山，峰下有灵源，时闻石漱，冷气凛冽，而不见流水奔泻。

　　华盖峰在岳庙后，地产灵芝仙草，貌似华盖。

　　云龙峰在岳庙右下，有楼真观，为西晋青莲道士王谷神、皮文曜修仙之所，今诵经石犹存。

　　潜圣峰在岳庙西，相传唐高僧希迁游南岳，至方广寺访惠海不遇，一日见精舍号方广，遇尊者止宿，次日出会回顾，人宅俱不见，故以潜圣名峰。

妙高峰在潜圣峰右，中有平坦区，相传为惠海禅师诵经处。传说惠海每诵经即有五白衣长者听经，惠海询问，长者自称龙王所遣，愿献寺基，一夕莲花峰下拥沙成坪，遂建方广寺。

天台峰相传有智𫖮禅师拜经台、无缝塔、莲花池、酥酪泉、会仙桥等遗址。

文殊峰在岳庙北，相传唐宣宗太子慕道，在衡山高处西坡眺望，看见金色光环中有一弥陀僧，以为文殊现身，所以得名。

观音峰在西岭与方广寺之间。形势奇伟峻险，有新修盘山公路可至其上。峰上多奇花异草，春末夏初，是游览、观赏佳处。

祥光峰在岳庙西北，一名鹤鸣峰，中有灵田，相传夜里飞光如烛。山林古木、奇花、秀草甚多，地处幽谷，实为避暑胜地。

灵禽峰在岳庙西北，上有朝斗坛，相传唐薛幽栖于此。有灵鸟群飞，羽毛异色，红碧相间，声如笙篁，栖于峰上，所以得名。

驾鹤峰在岳庙东，上有驾鹤亭，相传为晋尹真人驾鹤飞升处，因此得名。

赤帝峰在岳庙后，古名炼玉峰，峰后有石刻，上有祝融氏墓。

朝日峰在岳庙左，一名朝阳峰，昔殷先生曾于此晒太阳取暖，所以得名。上有赫胥墓。

崱屴峰在岳庙后，一名侧刀峰，东有石室，惠东子修行于此。峰下有龙池，春夏有万蛙会于池，池沿有桧树、银杏各一棵，虬枝翠叶，饱厉风霜。

红花峰在岳庙西南，亦名石榴峰，有夕阳岩、夕阳溪。碧云峰在岳庙东，上有紫金台，云气浓如蓝黛。

九女峰在岳庙左西北，其状尖削秀丽，俗名土木岭，云开则雨，雾降则晴，当地山里人凭它以鉴晴雨。有九子岩，下即九仙观。

降真峰在岳庙后，其峰下产云母石。相传古时武阳洞人曾在这里遇到了仙人。据说仙人身上毫毛过寸，武阳洞人惊奇而走，仙人回答："我仙也。素服苍耳，二百余岁，教尔服之。"指示仙草之后，不复再现。

岣嵝峰距南岳25千米，在衡阳北乡。山势雄伟，树木苍古，奇花珍草，香味浓郁，中有禹王庙，庙侧有禹王碑，上有螺妃墓。前人以岣峨为南岳主峰，山上原有岣嵝、石鼓、廉溪书院等。

衡山72峰，峰峦叠翠，林壑深幽，各有特色。有的翠绿欲滴，郁郁葱葱；有的繁花似锦，四季飘香；有的掷雪飞花，泉水叮咚；有的神奇缥缈，云遮雾障；有的怪石嶙峋，嵯岈互异。

它们各以自身的挺拔俊秀、娇丽婀娜呈现在游人眼前，给人以境界清远深幽、胸怀开阔、风趣横生的美感。

衡山不仅具有宏观雄健的态势，而且雄中寓秀，刚中有柔。花岗岩山体的节理比较疏朗，加之垂直节理不太发育，因而衡山花岗岩的风化多呈水平的层状剥蚀，形成浑圆的峰峦并覆盖着较厚的风化层。

峰峦的轮廓线条柔和，体态丰满，圆润的石景层层叠起宛若堆云。这里地处亚热带之南部，雨量充沛，气候温和，山上土层较厚，有利于植物生长。衡山植被覆盖率之高以及植物种属之多，均冠于五岳，而且季相特征明显，一年四季各臻其画意之妙。

山上终年烟云缭绕，溪涧潭泉遍布，又赋予南岳以仙山的灵气。仅泉眼就有24处，飞泉流溪，为衡山平添了山间水景之意趣。如像紫盖峰下的"水帘洞"，上覆谷地，下临绝壁，景色惊奇优美。

拓展阅读

祥光峰古名鹤鸣峰，在南天门西，天柱峰北，海拔1145米。《衡州府志》：峰"有灵田，常有丹光现，如飞烛状，故名。"《总胜集》云："萧灵护窖丹于此。"此乃传说，实际上，为无数萤虫聚飞于此，远望如一缕缕游动的碧光，有时还可看到这里射出几支光柱，直冲星汉。

南岳四绝美景之一的"藏经殿之秀"即在此峰。殿在峰腹，附近有无碍林、古华居、梳妆台、允春亭、美人池、摇钱树、连理枝、同根生等诸多胜迹。殿后有棵近500年的白玉兰，树高数丈，每年春花似锦。殿前谷地生长着一片原始次森林，中多稀奇动植物。

北岳恒山

北岳恒山位于山西大同浑源县城南，与东岳泰山、西岳华山、南岳衡山、中岳嵩山并称为"五岳"。其主峰天峰岭被称为"人天北柱"、"绝塞名山"。

恒山以道教闻名，有"三寺四祠九亭阁七宫八洞十二庙"之称。其中悬空寺更是闻名遐迩，尤其是寺中的三教殿，释迦牟尼、老子、孔子三教共居一室，堪称一绝。

自古以来，历代帝王大都要差使臣到恒山朝圣，无数文人墨客、才子佳人也都游览过恒山胜地，并留下灿烂辉煌的诗篇。

盘古右臂衍化而成恒山

　　传说在天地还没有开辟以前，宇宙就像是个大鸡蛋一样混沌一团。没有天地上下，没有东南西北，也没有前后左右。就在这样的世界中，诞生了一位伟大英雄，他的名字叫盘古。

　　18000多年过去了，盘古就一直在这个"大鸡蛋"中沉睡。终于有

一天，他睁开蒙眬睡眼，发现周围一团漆黑，他想伸展一下筋骨，但"鸡蛋"紧紧包裹着他的身子，使他感到浑身燥热，呼吸异常困难。

盘古勃然大怒，他拔下自己一颗牙齿，把它变成了一把威力巨大的神斧，他抡起来用力向周围劈去。

一阵巨响过后，"鸡蛋壳"终于破裂了，一股清新的气体散发开来，飘飘扬扬升到高处，慢慢变成了天空。另外一些浑浊的东西则缓缓下沉，就变成了后来的大地。

从此，原本混沌不分的宇宙就有了天和地，宇宙间也不再是漆黑一片了。盘古置身其中，只觉得神清气爽。天空越来越远了，大地越来越辽阔了。

盘古担心天地会重新合在一起。于是，他叉开双脚，稳稳地踩在地上，高高昂起头颅，顶住天空，并且施展法力，让自己的身体在一天之内变化9次，每次都增高一尺。

就这样，每当盘古身体长高一尺，天空就随之增高一尺，大地也

增厚一尺；每当盘古身体长高一丈，天空就随之增高一丈，大地也增厚一丈。

又过了18000多年，盘古身体长得有9万里那么长了，成了一位顶天立地的巨人，天空升得高不可及，大地也变得厚实无比了。但是，盘古仍不罢休，继续施展法术，直到有一天天终于不能再升高了，地也不能再增厚了。而这时，盘古也已经耗尽了全身的力气。

盘古缓缓地睁开双眼，满怀深情地望了望自己亲手开辟的天地。看到天地间的万物再也不会生活在黑暗中了，盘古才长长地舒了一口气，慢慢地躺在地上，闭上沉重的眼皮，与世长辞了。

在临死前，盘古嘴里呼出的气变成了春风和天空的云雾，他的声音变成了天空的雷电，他的左眼变成了照耀大地的太阳，右眼变成给夜晚带来光明的月亮，千万缕头发变成了点缀美丽夜空中一颗颗闪烁的星星。

鲜血变成了奔腾不息的江河湖海，肌肉变成了供给万物生存的千里沃野，骨骼变成了树木花草，筋脉变成了道路，牙齿变成了石头和金属，精髓变成了明亮的珍珠，就连汗水，也变成了霜雪雨露，滋润着万物茁壮成长……

相传盘古倒下时，他的头化作了东岳泰山，他的脚化作了西岳华山，他的左臂化作了南岳衡山，他的右臂化作了北岳恒山，他的腹部化作了中岳嵩山。

而盘古的精灵魂魄，也在他死后变成了人类。所以，后来人们都说，人类自己是世界的万物之灵。

盘古生前完成开天辟地的伟大业绩，死后留下了无穷无尽的宝藏，成为我们中华民族崇拜的伟大英雄。

而恒山，这座由盘古右臂变成的大山，带着上古英雄不朽的血脉，在这片神奇而古老的土地上，历经沧海桑田，弥久愈坚，孕育了无数的神话和传奇。

拓展阅读

相传，恒山生长着几十种名贵中药材，在众多的中药材中，尤以恒山紫芝最为名贵。据《恒山志》记载，恒山灵芝仙草为镇山之宝，状如紫色云锦，服之可延年益寿，起死回生。

当地人传说：每一棵灵芝草，便有一条双头毒蛇看护，又说恒山灵芝平时肉眼看不到，只有祈祷北岳大帝，灵芝才会现形放光。

神奇的恒山灵芝仙草传遍四方，嘉靖二十五年，明世宗委派朝廷大员，指令州衙官吏，摘取真芝12棵，留下了《采取玄芝记》的石碑一通。

绝塞名山揽恒山胜景

北岳恒山也叫"太恒山"，又名"元岳"、"紫岳"、"大茂山"等，它西接雁门关、东跨太行山，南障三晋，北瞰云、代二州，莽莽苍苍，横亘塞上，巍峨耸峙，气势雄伟，被誉为"人天北柱"和"绝

塞名山"。据说古时恒山有十八景，到了明、清时，有"三寺四祠九亭阁，七宫八洞十二庙"的盛况。

恒山主峰天峰岭与翠屏峰，两峰对望，断崖绿带，层次分明，美如画卷。其著名景观如果老岭、姑嫂岩、飞石窟、还元洞、虎风口、大字湾等处，充满了神奇色彩。悬根松、紫芝峪、苦甜井更是自然景观中的奇迹。

恒山以自然景色之美而著称，苍松翠柏、庙观楼阁、奇花异草、怪石幽洞构成了著名的恒山十八景，犹如十八幅美丽画卷：

磁峡烟雨、龙泉甘苦、云阁虹桥、虎口悬松、果老仙迹、云路春晓、断崖啼鸟、危岩夕照、金鸡报晓、茅窟烟火、弈台弄琴、玉羊游云、脂图文锦、岳顶松风、幽窟飞石、仙府醉月、紫峪云花、石洞流云。

磁峡烟雨，就是金龙峡，位于天峰岭与翠屏峰之间，其间石壁万仞，青天一线，在细雨蒙蒙时晴岚缥缈，烟雾纷飞，妙趣横生，涧底流水，夺口而泻。

龙泉甘苦，就是苦甜井，位于白云堂东侧，有一玄武亭，亭内并列双井，名玄武井，一井水如甘露，清凉爽口；一井水味苦涩，人不能饮，人称苦甜井。

唐明皇亲手赐匾"龙泉观"，历代游客争先品尝龙泉圣水、恒山奇茶，求取吉利。

云阁虹桥，就是古栈道，位于金龙峡最窄处，是南北交通要道。古人沿峡东崖绝壁间，凿崖插木，飞架栈道，同时建有一座连接东西的高空飞桥，合称云阁虹桥，民间传说是鲁班妹妹一夜所建。峡壁一直残留着修栈道时的行行方窟。

虎口悬松，就是虎风口与悬根松，在步云路的石阶风口上，人到此处，清风飕飕，松涛阵阵，犹如虎啸龙吟，临风屹立着一棵参天古松即悬根松，根茎盘露，紧抱岩石，遮日留荫。相传松根外悬是张果老拴在树上的神驴受惊而拔起的。

张果老仙迹，就是果老岭，位于悬根松北的登山途中，石径上陷有行行小圆坑，形似驴蹄印，据说是张果老在恒山修仙时倒跨驴留下的蹄印。

云路春晓，就是步云路，从岳门湾至恒宗殿，称十里步云路。旧时一里一亭，一步一松，亭亭不同，步步入云。沿路有大字湾、四大夫松等景观。

据说云路春晓来源于一个神奇的传说。传说茅氏三兄弟在恒山茅氏窟修仙时，不慎失落了两粒金丹，正好被一只黄山鸡和一只山羊各吃了一粒。

茅氏三兄弟发觉这山鸡和山羊得了仙体，就指派它们一在朝殿西侧钟楼当值，司晨报晓；一在朝殿东侧紫芝谷内当值，看管灵芝草。

数十年后，茅氏三兄弟南下江南，让金龙童子谨慎看守洞府。

金龙童子本性贪玩，开始还小心在意守着洞门。日子一久，觉得枯燥乏味，又因无人管渐渐地离开洞门到附近玩。回来后见洞中还是安然无恙，胆子也逐渐大起来，有时三五天外出不归，最后发展到数十天也不回来一次。

一天，从山下上来一个妖道。他听说恒山有一只金鸡和一只山羊，一直想偷到手，他悄悄地来到茅氏三兄弟的山洞前后左右窥看了一阵，静听一会儿，即在洞口念起咒语，一会儿，从北岳大殿的西侧走出一只金光闪闪的大公鸡，紧接着又从东侧出来一只浑身雪白如玉的山羊。

妖道忙把金鸡抓住，赶上山羊下山，这时，正好有一群羊在吃草，山羊一见羊群便钻入群内，妖道忙寻找，一着急，没抓袋口，连金鸡也从手中飞跑了。

这时，山下居民见山上金光闪闪，以为恒庙失火，数百人拿着铁锹，担着水，上山灭火。妖道一见大事不好，便赶紧念咒把金鸡和山羊变成石头。

事后，金龙童子因看守宝物失职，被茅氏三兄弟贬为一条木龙，永远固定在悬崖峭壁之上。

后来的人们能看见一块状如古磬的青色岩石,南向而立,以石击之,便发出咕咕之声振谷,酷似雄鸡报晓,情趣绝妙。

断崖啼鸟,就是姑嫂崖,又称舍身崖、夕阳岩,位于夕阳岭中段极陡峭的一段山崖。在果老岭的东侧,一座万仞险峰面西而立,直插云端。翘首而望,看那古松摩云,危崖欲倾,确实雄伟壮观。

关于这美丽如画的舍身崖,还流传着一个悲壮动人的爱情故事。

传说在很久很久以前,浑源城里有一个十分美丽的少女。有一年夏天,她年迈的母亲患病,姑娘便和嫂子一起上恒山为老人寻取治病的草药。

谁知刚刚走进那幽深的松林,便撞见了一只恶狼。那恶狼张开血盆大口,向她们扑了过来。正在这危急万分之时,有一个年轻人从后面赶来,挥舞木棒,赶跑了恶狼。姑嫂两人非常感激,连连向青年道谢。

言谈之中,得知这青年是在恒山修庙的画匠。少女见他容貌英

俊，言谈举止又十分稳重干练，便产生爱慕之情。好心的嫂嫂看出了小姑的心思，便在一旁穿针引线，帮助小姑与画匠定了终身。

不料好事多磨，祸从天降。浑源知府老爷的公子久闻少女美貌出众，便要强行霸娶。

而少女的母亲也嫌贫爱富，贪图知府家的钱财，又是打，又是骂，逼迫着女儿应允知府公子的婚事。少女无法忍受，便连夜逃出家门，上恒山去寻找画匠。贤惠的嫂嫂怕小姑发生意外，也急急忙忙跟随上山，暗中保护小姑。

姑娘跑遍恒山的山山岭岭，却不见情人的身影。这时，知府公子又率领家丁追来。眼看着如狼似虎的家丁们步步逼近，少女把牙一咬，从万丈峰顶跳了下去。嫂嫂赶到崖顶，不见小姑踪影，也从这里跳崖身亡。

姑嫂两人的壮烈行动感动了北岳之神。北岳神便施展神法，使少女化为百灵鸟，嫂子化为找姑鸟，日夜形影不离，飞绕此山，凄凉的叫声不绝。据说舍身崖和姑嫂崖便由此而得名。

危岩夕照，就是夕阳岭，位于果老岭东侧，是一段插入云天的万仞绝壁，面西峭立，每当夕阳西下，余晖反照千山色，满峪参差入画中，奇光异景，令人神往。

金鸡报晓，就是金鸡石，位于朝殿西古楼外，有一状如古磬的青石，以石相击，声振幽谷，如金鸡鸣叫，情趣绝妙。传说是黄山鸡吃了三茅真人失落的金丹而变。

茅窟烟火，就是三茅窟，位于白虚观紫微阁旁的断崖上，是三茅真人修仙得道处。传说三窟有怪异现象，一窟点火，另两窟冒烟，两窟点火，另一窟冒烟，三窟同时点水，即三窟都不往外冒烟了，成了自然之谜。

弈台弄琴，就是琴棋台，位于会仙府西北处，有巨石迸裂，西南有条崖缝，沿石缝而上，陡壁高处有一片风蚀岩石，台上刊棋一局，崖壁上是双钩书"琴棋台"3个字，此处传说是仙人对弈弄琴之所在。

玉羊游云，就是从朝殿瞭望东峰峭崖翠顶上，有白石累累如群羊吃草，在云雾的推动下，别生情趣，称为玉羊游云。

脂图文锦，就是石脂图，位于主峰东崖上，由五色卵石天然结成，约四尺见方。一般时值中午，松荫翠柏蒙图上，远望状如剥落之

古碑，中有蝌蚪文字，又似锦绣画图，实为奇景一绝。

岳顶松风，就是天峰岭。登上峰顶，极目不知千里远，举头唯见万山低，晴岚缥缈，松涛贯耳，北国风光，气象万千，恒山十八景尽收眼底，吸引着万千人士前来观光，北岳恒山简直美不胜收。

幽窟飞石，就是飞石窟，位于姑嫂崖北端，为一天然大石窟。据传说，舜帝北巡至恒山下，忽有一石从恒山飞来，坠于舜帝前，舜帝起名为"安王石"。

5年后，舜帝又北巡至曲阳被大雪阻路，便望祀恒山，此灵石又飞到曲阳。窟内有寝宫、梳妆楼等。

仙府醉月，就是会仙府，位于朝殿西侧，为恒山最高庙观，置身府院，如临仙境，夜宿仙府，依栏望月，饮酒作诗，真有点起坐出世之感。传说是仙人聚会之地。

紫峪云花，就是紫芝峪，位于恒宗殿东侧，是一道草木丛生、曲折幽奇的沟峪。恒山旧志记载，峪内长着灵芝仙草，为恒山的镇山宝草，状如云锦，有起死回生、益寿延年之功效。后来被明世宗皇帝采去了12棵。

石洞流云，就是出云洞，位于紫芝峪东崖上，洞口上刻有"白云灵穴"4字。传说此洞深不可测，下通地海龙宫，白龙公子掌管北国云雨，每逢降雨时，洞内吐出团团白雾，霎时风雨来临，甘霖遍野。俗话说：恒山戴帽，大雨必到。

再加上千古一绝的天下奇观悬空寺，整个恒山美景如诗如画，令人如置身于世外桃源，流连驻足。

恒山松，风格别致，形状奇特。其中，有4棵形状奇特的唐代古松，人称"四大夫松"。这4棵古松，根部悬于石外，紧抓岩石，傲然挺立，气势不凡，别具风格。

恒山十二庙，以北岳庙为首，寝宫、后土夫人庙、紫微宫、官亭、白虎观、龙王庙、灵官府、关帝庙、文昌庙、奶奶庙、纯阳宫、碧霞宫等庙宇建筑，稳坐于西峰之上，苍松之间，或隐或露。

恒山之云，变幻无穷。出云洞在后土夫人庙的不远处山腰，晴日明朗，洞口寂静，阴雨来临，洞口便游出缕缕白云，引人遐思。

恒山之寺，星罗棋布。恒山脚下的悬空寺、应县佛宫寺的释迦木塔、浑源城内的圆觉寺砖塔、永安寺等，在我国古建筑史上都占有重要地位。

出浑源县城，南行约4千米，顺路而上，便进入一条幽深的峡谷，峡谷长约1.5千米，从北至南，分为金龙口、石门峪口、磁窑口3段。

金龙口谷深山崇，两岸悬崖壁立，斗峙如门。群峰突起，争相为高。最窄之处宽不足10米，仰首只见一线之天。人立其中，颇有巨岩压顶之感。

金龙口中，浑河之源的唐峪河集千沟万壑之水，自南向北穿峡而去。平日在谷底静静流淌，水势不大，一到阴雨时节，河水猛涨，浊浪排空，奔腾咆哮，恰似一条奔驰的金龙，一泻而下，势不可当。从金龙口再上，为石门峪口。这里地势更为险要，有诗道：

高排石壁悬双阙，独耸危峰接九霄。

在东岸悬崖的半山腰里，有北魏道武帝年间修建的云阁虹桥。它是恒山著名一景。后来云阁仅有在崖间插横梁的石孔遗迹尚存，而虹桥则早已毁坏了。著名的云阁虹桥胜景后来只有"云阁"两个大字，还镌刻在陡峻直立的石壁之上。

从石门峪口再往上，就是磁窑口。磁窑口峡谷的东岸，在原来半坡村旁，曾建有恒山山门。山门切石坡筑台基上下二层。上层台上建西向券洞门3道，檐饰瓦顶都为琉璃烧造。门洞上方的龙凤板上大书"北岳恒山"4字。

台前砌三出踏道，共10级。下层台基的中部建四柱三路木牌坊，当中横匾上书"屏藩燕晋"。牌坊东面树一座石碑，上面刻着"塞北第一山"。

磁窑口西岸崖下，有一罗汉洞。洞深而广，能容二三百人。洞内石壁上，塑有十八罗汉像，神态各异，造型生动，向有"南罗汉，北悬空"之称。

越过小桥流水，攀上石壁栈道，拾级而上。进入山门后，爬悬梯，钻石窟，绕长廊，进入悬空寺。悬空寺不仅奇在悬空，而且殿回楼转，一步一景，建造奇特。全寺大小40座殿庙楼阁，高低错落，对称中有变化，转折升降，分散中有特色。

从悬空寺庙门南望，恒山水库把天峰、翠屏二山连接起来，群山环抱，碧波荡漾，气势不凡，巍峨壮观。

拓展阅读

从金龙口再上，为石门峪口。这里"高排石壁悬双阙，独耸危峰接九霄"，地势更为险要。

在东岸悬崖的半山腰里，古时候筑有栈道，名为"云阁"。云阁与西岸半山之中的悬空寺之间，曾有一座架空悬桥，名为"虹桥"。这两者合称为"云阁虹桥"，为当时恒山著名一景。

据说，"云阁虹桥"是北魏道武帝年间修建的。但是在后世的风雨中，云阁仅有在崖间插横梁的石孔遗迹尚存，而虹桥则早已毁坏。

由于唐峪河水夹带大量泥沙，长年淤积，谷底河床越来越高，现在云阁的石孔遗迹只能看见一排，而且已离谷底很近了。著名的"云阁虹桥"胜景也只有"云阁"两个大字，还镌刻在陡峻直立的石壁之上。

中岳嵩山

　　中岳嵩山，位于河南登封市西北，它东西横卧，雄峙中原，群峰耸立，层峦叠嶂，风光秀丽，景色宜人。

　　嵩山的建筑群，规模宏大，气势雄伟，为我国现存规模最大最古的建筑群之一。北魏嵩岳寺塔，元代登封观星台，宋代四大书院之一的嵩阳书院以及将军柏和驰名中外的嵩山石碑等一起构成了嵩山"八景、十二胜"之盛观。

因山高镇守中原而得名

古老相传，天地万物，风雨雷电，都是由天上的玉帝掌管的。他叫天下雨，天就得下雨，他叫地生金，地就得生金。

有一天，天府巡官急步走进天宫，向玉帝禀报，说东方出了水兽，西方出了风妖，南方出了火魔，北方出了冷怪，闹得天下大乱，黎民不得安宁，请求玉帝快快发兵为民除害。

　　玉帝听罢，急忙把天将招到教场比武选将。谁的本领高，就派谁去降魔。天将们来到教场，经过一番比试，玉帝平日心爱的5个天将中，有4个选上了。

　　玉帝传下圣旨，命一个到东方去镇水兽，一个到西方去挡风妖，一个到南方降火魔，一个到北方伏冷怪。4员天将领旨，分别带领天兵离开天宫。

　　5个天将中，唯有一个名叫山高的没有选上。为什么呢？这个山高身体有些单薄，武功虽然也行，但不及其他4将。可是这位山高天将怀有满腹文才，能书善画，智足谋广。

　　山高看到其他4位天将下凡去了，便到灵霄宝殿向玉帝施礼说："陛下！下界东西南北四方，都有人把守了，陛下就不怕中原出事吗？倘若中原出了大事，东西南北四方把守再严，也是枉然啊！比如一个人残手废脚尚能活下去，若是心脏坏了，可就完啦！"

玉帝听他一说，觉得山高说的也有道理，可是派谁挂帅去镇守中原呢，玉帝发了愁。山高一看，时机已到，便说："末将情愿去镇守中原。"

玉帝知道他武艺不及那4个天将，迟迟没有说话。山高猜知玉帝的心思，就当面立下"军令状"，玉帝这才勉强传旨，让山高天将下凡。

玉帝带着随从来到南天门，拨开云头向东看去；只见一员天将把斩兽宝剑挥了三挥，突然出现了一座大山立于海岸。张牙舞爪的水兽来到山跟前，"砰"的一声，撞得粉身碎骨，翻下海去。玉帝看罢，哈哈大笑，封这座山为"东岳泰山"。

他又拨开云头，向西望去，见一员天将把捆妖绳抢了三抢，突然出现一座大山站在那里。风妖呼呼来到它身边，撞得头破身软，败下阵去。玉帝看着拍手大笑，封这座山为"西岳华山"。

接着，他拨开云头看南方，见一员天将把劈魔铜挠了三挠，突然出现一座大山站在那里。火魔扑来，浑身发抖，掉头就逃。玉帝高兴地封这座山为"南岳衡山"。

他又转过头来看北方，见一员天将，用长矛刺了三刺，突然出现一座大山。冷怪嗖嗖飞来，看见大山毛骨悚然，缩身不敢动弹了。玉帝便封这座山为"北岳恒山"。

最后，玉帝拨开云头俯视中原，只见山高天将一手拿着天书，一手拿着镇世宝刀，把书和刀一上一下，端了三端，突然出现一座大山。又上下端了三端，山又分为两支。接着，两个山脊，慢慢出现72峰，有的像老翁，有的像白鹤，有的像青童，有的像玉女……山上山下，好似一卷美画，展现开来。

玉帝越看越高兴，可到封山的时候，他却发了愁，封什么呢？一个贴身随从悄悄地说："陛下，你看山高天将，长得与山一样俊美啊！"

玉帝灵机一动，"山"与"高"合在一起不是"嵩"字吗？于是封为"中岳嵩山"。

嵩山北依黄河，南绕颍水，层峦叠嶂，东西绵延百里，如果说黄河是中华民族的母亲河，那么嵩山便是峻极于天的父亲山。

远在旧石器时代，古人类就在嵩山一带繁衍生息，位于嵩山腹地的织机洞遗址，有大量的旧石器时代遗存和人类用火遗迹。新石器时代，这里是我国史前文化最为灿烂的地区之一，孕育了著名的裴李岗文化和大河村文化。

在夏朝建立以前，禹是舜帝臣下的一个部落酋长，居住在嵩山与箕山之间。因此，关于大禹治水的神话和传说是以嵩山为基础的。据《史记》记载：

禹之父名鲧，鲧之父名曰颛顼，颛顼之父名曰昌意，昌意之父名曰黄帝。

据说，上古时炎帝部落从西北迁入黄河中游后，曾长期居住在嵩山附近的伊水和洛水流域。其中一支以伯益为部落首领，以崇拜山岳为特征，号称四岳。

《庄子》写道："尧让天下，许由遂逃箕山，洗耳于颍水。"现在还有"挂瓢崖"和"洗耳泉"。

据说，许由在山泉之下正在喂牛饮水之际，大尧与之商谈禅天下，许由听说此事，马上把饮牛喝水的瓢挂在山崖上，把自己的耳朵用此水洗了洗，以示去其污秽之言，后来逃入深山林去了。这个事情，嵩山脚下童叟皆知。

据古书《竹书纪年》和《世本》记载：舜十五年命禹主祭嵩山，舜禅位禹后，禹居阳城，后来人们认为当时的阳城就是嵩山附近的阳城。夏代自禹至桀，共传17王、14世，历432年，王都自阳城数迁，但均在嵩山周围。

殷周时，崇拜嵩山的有申、吕诸国，即四岳的后裔齐、吕、申、许4个姜姓国。

据《史记·周本纪》和《逸周书·作雒篇》中记载：周武王初灭

商，曾计划建城邑于伊、洛，以近"天室"，定保天命。天室即古人认为能够沟通人与天神的嵩山太室。

后来周公在嵩山附近建造了洛邑，作为周朝的统治中心，西周灭亡后，洛邑遂成为东周都城。当时，嵩山如同关中终南山一样，是人们心目中的神山。

嵩山地区是夏、商、周三代的建都之地，立国中心。《史记·封禅书》中记载：

昔三代之居，皆在河洛之间，故以嵩山为中岳。

那时，嵩山的名称叫作"外方"，夏商时则有了"崇高"的称呼。我国最早的一部国别体著作《国语·周语》中称禹之父鲧为"崇伯鲧"，"崇高"之名缘结于此。

《周礼·地官司徒》记载，周公为寻找天地之中营建东都，在嵩山脚下的阳城"以土圭之法，测土深，正日影，以求地中"。

后来的登封观星台的周公测景台，即从侧面反映了嵩山地区为"天地之中"的历史传承。

自古以来，嵩山被认为是万山之祖和神仙居住之地，在"君权神授"的古代，嵩山就成为历代帝王接天通地、永固江山、昌盛国运的祭祀、封禅对象。

《史记·封禅书》中记载，黄帝就常到嵩山"与神会"。帝尧、虞舜、大禹都曾到此巡狩。

最迟在西周初年，嵩山已经成为人们祭祀的对象。武王在嵩山举行的封天祭地大典，开创了我国古代最盛大、最高等级的封禅礼制的先河。秦、汉之后，帝王祭祀嵩山连续不断。

后世人们统计，从周武王开始至清末，历史上有史可查的巡狩、祭祀、封禅嵩山的帝王就有68位。

嵩山以其地处京畿的优势位置、自然景观和人文景观的完美结合，成为中华文明最早、最重要的圣山之一。

拓展阅读

黄帝到嵩山"与神会"，开创了祭祀嵩山的先河。之后，帝尧游于嵩山，帝舜制定5年一巡狩嵩山的制度，周穆王巡游太室山，周幽王会盟于太室山。

铸造于西周初年的《天亡簋》铭记载：周武王在灭商后"祀于天室"。公元前1046年，为了庆贺新王朝的诞生，周武王决定举行祭祀天神大典。

嵩山地区曾长期做过夏人和商人的王都，又处于天下之中，周武王认为高耸于天下之中的嵩岳，就是天神之室，他们受天命而克商夺取天下，应当礼拜高大的嵩山。

周武王在完成灭商大业后，便在太公望的陪同下，登上嵩山太室之巅，举行了盛大的封天祭地大典。这次在嵩山举行封禅和望祭山川的重大典礼，无异于周王朝的开国大典，开创了我国最盛大、最高等级封禅嵩山的先河。

禅宗祖廷千古名刹少林寺

　　相传在东汉明帝时，明帝在一个夜深人静的夜晚，梦见了金色的神人，像金色的鸟儿在宫里飞来飞去，这一晚明帝的梦异常清晰。

　　第二天上朝，明帝就把这些讲给大臣们听，大家不知道如何回

答，一个名叫傅毅的大臣站出来说，这金色的神人应该就是西方的佛。

于是，皇帝决定派人前往西域寻求佛法。跟随汉朝使节来华的是印度高僧摄摩腾和竺法兰，还有一大批佛经佛像。印度僧人和佛经佛像是由白马驮来的，白马为佛教的东来做出了卓越贡献，佛教在华夏这片古老的土地上生根发芽、茁壮成长。

汉明帝下旨在洛阳西雍门外建白马寺供两人译经。白马寺是我国有史以来的第一座佛寺。后来唐朝诗僧灵澈的诗句写道：

经来白马寺，僧到赤乌年。

说的就是佛教初到白马寺和到三国年间在南方发扬光大的情况。

在白马寺生活的摄摩腾、竺法兰抬起头来，悠然望见东南方有高山耸峙，烟云出于其间，于是奏请明帝，派人陪同他们去那里另寻清静之地建造僧刹。高僧一行有缘踏上了嵩岳福地。

太室山南麓有一狭长的山间谷地，林壑生凉，流泉成响。东面有两峰并立，其间空阙如门，当地人谓之嵩门。每逢中秋，山民们于暮色之中，焚香静坐，以待月出。

须臾，一轮明月从嵩门间冉冉升起，银光泻于空谷，万籁凝于石崖。此景谓"嵩门待月"，乃嵩岳第一胜境。

两位高僧佛心为之所动，决定在这里：

面南岭，建经台；倚北阜，筑讲堂；傍危峰，搭方丈；邻浚流，立僧房。

寺庙建成于公元71年，汉明帝敕名"东都大法王寺"，晚于白马寺3年，这是我国第二座佛教寺院。

汉明帝笃信佛教，大法王寺建成后，由于嵩山地处京畿，往来方便，明帝及随从官员多次亲临道场，听经拜佛。明帝还下令，新任命的官员，不论职位高低，都必须到大法王寺听经学法后方可上任。

摄摩腾、竺法兰于这座中土宝刹"对千年之乔木，纳万代之芬芳"，凝思静虑，译经布道。继公元68年他们在白马寺完成我国第一部汉译佛经《四十二章经》后，又于嵩山大法王寺陆续译出几种小乘佛教的早期经典。

"乘"是乘载的意思，小乘佛教说的是自我解脱，大乘佛教讲的是普度众生。除了目的有差异，在修行方式上，大乘也比较简单。

随着大乘佛经传入，佛教的影响开始波及民间。

三国时期，嵩山出了我国佛教史上第一个正式受戒出家的汉族僧人，他就是朱士行。

朱士行出生于嵩山南麓的颍川，在嵩山出家之后，以弘传佛教大法为己任，专心于佛教理论的研究。当时风行的大乘经典尚质简约，很多观点实际上没有讲清楚。他因此"誓志捐身，远求大本"，于260年从嵩山出发，开始他的西行求法壮举。

在于阗，朱士行抄取了《般若经》梵文本，于282年遣弟子弗如檀等10人护送经卷回洛阳。10年之后，由精通梵汉两语的天竺僧人竺叔兰和学识渊博的西域僧人无罗叉两人译出，称《放光般若经》，共20卷。

当《放光般若经》在汉地大为风行之时，朱士行仍在于阗，最后以80岁高龄为求法而客死他乡。

《梁高僧传》说他死时有异相，火化后，"薪尽火灭，尸犹能全"，后念诵咒语，骨架才散碎，其弟子们聚骨造塔以供养。

到了496年，北魏孝文帝元宏为安顿印度僧人跋陀住锡，在少室山北麓五乳峰下寂静的山林中建起一座寺院，这便是日后声名显赫的少林寺。

但少林寺的名扬天下，却缘于另一位印度高僧菩提达摩。少林寺落成30多年后，即527年，菩提达摩不辞艰辛，从南天竺国渡海来到东土，开始了禅宗在中华大地上的传播。

达摩首先到了金陵，一月之后来到永宁寺，只见那九级浮屠"金盘炫日，光照云表；宝铎含风，响出天外；歌咏赞叹，实是神功"，自称活了150岁，周游列国，从未见过如永宁寺这般精美的寺院。于是，达摩口唱南无，合掌赞美不停，已经将心许与嵩山。

离开永宁寺，达摩来到几十千米外的嵩山少林寺，落迹于此，终日面壁。这时候嵩山有位名叫神光的僧人，听说达摩大师住在少林

寺，于是前往拜谒。

达摩面壁端坐，不置可否。神光没有气馁。他暗自思忖："古人求道，无不历尽艰难险阻，忍常人所不能忍。古人尚且如此，我当自勉励！"

当时正是寒冬腊月，纷纷扬扬飘起漫天大雪。夜幕降临，神光仍在寺外站立不动，天明积雪已没过他的双膝。达摩这时才开口问道："你久立雪中，所求何事？"

神光泪流满面道："愿和尚慈悲，为我传道。"

达摩担心神光只是一时冲动，难以持久，略有迟疑。神光明白达摩心思，就取利刃自断左臂，置于达摩面前。达摩于是就留他在自己的身边，并为他取名慧可。

少林寺内的立雪亭，便是为纪念慧可断臂求法的事迹而建。

达摩禅师以4卷《楞伽经》授予慧可，慧可就是日后禅宗在东土的第二代祖师，自此，禅宗在我国有了传法世系。

佛教的文化渊源在印度，而禅宗是独具我国特色的佛教宗派，它的文化渊源在嵩山，禅宗在其诞生地印度没有成宗，却在传入嵩山后，成为我国佛教延绵不断的主流宗派。正是因为祖师达摩在少林寺创立了禅宗一派，所以少林寺后来誉为"禅宗祖庭"。

禅宗流传久远的重要原因之一，是其教义和修行方法的简单易行。禅宗的宗旨是：

教外别传，不立文字，直指人心，见性成佛。

到了唐代时，六祖慧能提出"顿悟"的主张，连坐禅也免了，认为顿悟并不要求离开现实生活：

举足下足，长在道场，是心是情，同归性海，提水砍柴无非妙道。

主张在日常劳动生活中都可以顿悟成佛。

少林功夫便起源于僧人的日常生活。相传跋陀的弟子慧光12岁时，能在井栏上反踢毽子500下。在井栏上踢毽子是很危险的，功夫不到家就可能跌落井中。

600年，一代高僧玄奘就出生在嵩山北麓缑氏镇陈河村，后来玄奘遍学佛教传入我国的各家经论，发现了诸家之间的见解差异。这种分歧争论"凡数百年，率土怀疑，莫有匠决"，玄奘要来决断。他选择的也是朱士行西行求法的道路，想到印度求取《瑜伽师地论》来统一诸家异说。

玄奘长途跋涉历尽艰辛，终于到达印度佛学中心摩揭陀国王舍城的那烂陀寺，跟随住持戒贤学习5年，成为精通50部经论的十大德之一。

645年，玄奘回到长安，夹道相迎者数十万，争相目睹唐僧风采。此后，玄奘历时19年，共翻译佛经75部1331卷，并完成地理学巨著《大唐西域记》。

唐朝的建立得到少林寺僧人的帮助。唐王朝不断赐给少林寺财物，大兴土木，修筑佛塔宝殿，皇帝、皇后也常游幸嵩山和少林寺，尊为佛门宝地。当时的少林寺拥有1.4万余亩寺土，寺基540亩，寺庙建筑共5418间，僧人2000多名。正如《少林寺碑》所记：

妙楼高阁，俯瞰为林，金刹宝铃，上摇清汉。

特别是723年，唐玄宗命天文学家僧一行到少林寺修建玉殿，僧一行精心设计建造了一座"梵天宫殿"，雕工极其精湛：

使之悬日月光华，建佛地园林，动烟云气色 。

从此，少林寺面貌焕然一新。

到了695年，武则天封禅嵩山，改年号为"万岁登封"元年。登封县名，由此而得。

唐代少林寺名僧辈出，有善护、志操、昙宗、明禅、同光等。

宋代理学兴起，佛、道、儒三教合流。理学家的思想深受禅宗的影响，禅宗及禅宗祖庭少林寺也得到发展。据说宋朝雍熙年少林寺所藏佛经已有9500余卷，当时的少林寺被称为"天下第一名刹"。

元朝时少林寺也很兴盛，元世祖命福裕和尚住持少林寺，他创建了钟楼、鼓楼，当时有僧人2000多名，兴盛一时。日本僧人邵元"久居少林"，担任执事僧、"当山首座"和尚的职务。他为法照和尚撰文并书写了《显教圆通大禅师照公和尚塔铭并序》汉字铭文。邵元还为少林寺住持息庵法师写了《息庵禅师道行之碑》的塔铭。

明朝对少林寺也常加整修，使殿宇一新，金碧辉煌。由于少林寺僧人在抗倭中为明政府效力，明政府免除粮差，为少林寺新修了千佛殿。明朝的王子先后有8人到少林寺出家。

拓展阅读

清朝政府对少林寺进行了大规模的整修重建工作，其中1735年的工程规模最大。

雍正皇帝亲览寺图，审订方案，把1734年漕运节省米价和河南省的积存公款全部花光，寺周围成材柏树砍伐殆尽，创建了山门，重修了千佛殿、寮房等。

1750年，乾隆皇帝亲临少林寺，夜宿方丈室，并亲笔题诗立碑，即《乾隆御制诗碑》。